Arbeitstagung
der Arbeitsgemeinschaft der Verkehrsrechtsanwälte
im Deutschen Anwaltverein

Kfz-Leasing

Rechtsprechung des BGH,
vertragliche Ansprüche,
Haftpflicht- und Kaskoschaden,
Vertragsgestaltung

Homburg, 17. Oktober 1987

Deutscher Anwaltverlag GmbH Essen

Copyright 1987 by Deutscher Anwaltverlag GmbH, Essen
Satz und Druck: Hans-Soldan-Stiftung, Essen
ISBN: 3–87389–016–X

Inhaltsverzeichnis

Leasing: Haftpflicht- und Kaskoschaden
von Abteilungsdirektor Alois Dittrich,
R + V Allgem. Vers. AG, Wiesbaden   7

Gewährleistungshaftung und ordentliche Vertragsbeendigung beim Pkw-Leasing
RA Dr. Friedrich Graf von Westphalen   26

**Der Kfz-Leasing-Vertrag –
Seine Entstehung und seine Gestaltung**
Dietrich Paul, Leiter der Rechtsabteilung,
V.A.G. – Leasing, Braunschweig   44

Die Rechtsprechung des Bundesgerichtshofs zum Leasing
Richter am BGH Eckard Wolf, Karlsruhe   77

Leasing: Haftpflicht- und Kaskoschaden
Abteilungsdirektor Alois Dittrich, Wiesbaden

Inhaltsübersicht

1. Das Kfz-Leasing
   a) Leasinggeber
   b) Der Leasingvertrag
   c) Leasingnehmer = Halter
   d) Nutzungsüberlassung und Serviceleistungen
   e) Reparaturschaden
   f) Geltendmachung von Ansprüchen

2. Haftpflichtschaden

2.1. Ansprüche des Leasinggebers
   a) aus Vertrag gegen Leasinggeber
   b) aus unerlaubter Handlung gegen Leasingnehmer
   c) Wahlrecht (a oder b)
   d) gegen schädigenden Dritten

2.2. Der Substanzschaden
   a) Reparaturfall
   b) Totalschadensfall

2.3. Der Nutzungsschaden

2.4. Kfz-Reparaturkosten
   a) Vorsteuerabzugsberechtigter
   b) Nichtvorsteuerabzugsberechtigter
   c) Fiktive Schadensabrechnung
   d) Neuwertiges Fahrzeug

2.5. Kfz-Totalschaden
   a) Ansprüche des Leasinggebers
   b) Ansprüche des Leasingnehmers

3. Kaskoschaden

3.1. Die Fahrzeugversicherung (§§ 12, 13 AKB)
   a) Gegenstand der Fahrzeugversicherung
   b) Umfang der Versicherung
   c) Prämie
   d) Ersatzleistung
   e) Leistungserhöhung
   f) Regelung in der Schweiz und in Österreich

3.2 Die vom Leasingnehmer abgeschlossene Vollkasko-Versicherung
   a) Abschlußpflicht
   b) Sicherungsschein-Vereinbarung
   c) Versicherungsbeiträge
   d) Der Versicherungsschein

3.3 Die Rechtsprechung
   a) zur Mehrwertsteuer
   b) zur Leistungserhöhung
   c) zur Wiederherstellungsklausel (§ 13 [10] AKB)

3.4. Kritische Betrachtung
   a) Empfehlungen des Arbeitskreises III
      des 25. Deutschen Verkehrsgerichtstages
   b) Vergleich Leasing und Autokauf
   c) Der Sicherungsschein

4. Differenztheorie
   a) Befriedigungsvorrecht
   b) Kongruente Ansprüche
   c) Beispiel

5. Schutzbrief / Verkehrsserviceversicheurng

1. Das Kfz-Leasing

1986 waren ca. 750 000 geleaste Kraftfahrzeuge haftpflicht- und vollkaskoversichert. Es fielen ca. 93 000 K-Haftpflichtschäden und 168 000 Vollkaskoschäden an.
Von diesen 750 000 Fahrzeugen waren schätzungsweise 500 000 von Vorsteuerabzugsberechtigten, 250 000 von Privaten, also Nichtvorsteuerabzugsberechtigten, geleast.

Für die Bearbeitung der Leasingschäden ist von Bedeutung:

a) das Kfz-Leasing wird vorwiegend von Hersteller-abhängigen Gesellschaften, zu geringem Teil von Herstellern oder sonstigen Unternehmen betrieben.

Die **Leasinggeber** sind vorsteuerabzugsberechtigt.

b) Die **Kfz-Leasingverträge** sind nach dem Mietrecht zu beurteilen[1]).

Der Leasinggeber überläßt für eine vereinbarte Zeit dem Leasingnehmer das in seinem Eigentum stehende Fahrzeug zur Nutzung.

Der Leasingnehmer erbringt eine Miet-Sonderzahlung, eine Art „Anzahlung". Während der Laufzeit des Vertrages entrichtet er Leasingraten. Nach Zeitablauf oder Totalschaden erfolgt Schlußabrechnung.

Bei Verträgen mit Restwert-Vereinbarung wird bei Kalkulation der Raten von einem geschätzten Restwert ausgegangen.

Wird bei Vertragsende dieser Restwert unter- oder überschritten, erhält der Leasingnehmer eine Nachbelastung oder über einen Teil des Mehrerlöses eine Gutschrift. Ein eingetretener Schaden kann zu einem geringeren Restwert führen (s. 3.a).

Schlußabrechnung erfolgt manchmal auch nach der zurückgelegten Kilometerleistung. Es gibt hier auch Mischformen.

c) Der **Leasingnehmer** hat die tatsächliche Verfügungsgewalt über das Fahrzeug und trägt die Kosten der Unterhaltung. Er ist nicht nur **Besitzer**, sondern auch **Halter** des Fahrzeugs[2]).

Durch die vom Halter (Leasingnehmer) abgeschlossene Haftpflichtversicherung werden nicht nur Halter und Fahrer, sondern auch der Eigentümer (Leasinggeber) vor Schadensersatzansprüchen geschützt (§ 10 [2] b AKB), insbesondere bei in Italien und Frankreich eingetretenen Schäden[3]).

d) Neben der **Nutzungsüberlassung** werden vom Leasinggeber oft auch „Serviceleistungen" erbracht.

Bei Teilservice werden in die Leasingraten Steuer und Versicherungsbeiträge eingerechnet und vom Leasinggeber abgeführt.

Bei dem sehr wenig gebräuchlichen Full-Service werden vom Leasinggeber Wartung, Reparaturen, Reifenersatz usw. getragen und unmittelbar beglichen.

e) In den meisten Leasingverträgen ist festgelegt, daß der Leasingnehmer sämtliche Aufwendungen, die mit dem Betrieb und der Haltung des Fahrzeugs verbunden sind, trägt. Er hat – wenn man von den Full-Service-Verträgen absieht – die notwendigen **Reparaturen** im eigenen Namen auf eigene Rechnung durchführen zu lassen.

f) Der Leasingnehmer ist verpflichtet, über jeden Schadensfall den Leasinggeber unverzüglich zu unterrichten. In den meisten Verträgen ist auch festgelegt, daß der Leasingnehmer verpflichtet ist, alle fahrzeugbezogenen **Ansprüche aus** einem **Schadensfall** in eigenem Namen und auf eigene Kosten geltend zu machen. Dem Leasinggeber steht jedoch ein Widerrufsrecht zu.

Der Leasingnehmer hat die erzielten Einnahmen zur Begleichung der Rechnungen zu verwenden.

2. Haftpflicht

2.1. Ansprüche des Leasinggebers

a) Dem Leasinggeber stehen gegenüber dem Leasingnehmer Ansprüche **aus Vertrag** zu, und zwar
bei Reparaturschaden Ratenfortzahlung
bei Totalschaden und der dann erfolgten Kündigung des Vertrages Schlußabrechnung bzw. Schlußzahlung.

b) Ein Eigentümer – Leasinggeber – kann auch gegenüber dem Besitzer – Leasingnehmer – Schadensersatzansprüche aus **unerlaubter Handlung** erheben. Er kann von dem Besitzer den Ausgleich des vollen Schadens begehren, auch wenn ein Dritter diesen Schaden mitverschuldet oder mitverursacht haben sollte. Gegen diesen Dritten steht dem Besitzer dann ein Ausgleichsanspruch zu.

c) Der **Leasinggeber kann wählen**, ob er gegen den Leasingnehmer Ansprüche aus Vertrag oder unerlaubter Handlung geltend macht[4]).

Im Regelfall wird der Leasinggeber die für ihn günstigeren Ansprüche aus Vertrag (Schlußabrechnung, Schlußzahlung) vorziehen.

d) Dem Eigentümer stehen gegenüber einem **schädigenden Dritten** Ansprüche aus unerlaubter Handlung bzw. StVG zu. Nach BGH braucht sich der Leasinggeber als Eigentümer nicht die mitwirkende Betriebsgefahr, das Mitverschulden des Halters bzw. Fahrers entgegenhalten zu lassen[5]).

Der in Anspruch genommene Dritte hat dann nach BGH einen Ausgleichsanspruch gegen den Leasingnehmer oder einen sonstigen am Unfall Beteiligten.

Dieser Ansicht ist das LG Hamburg nicht gefolgt[6]).

Der Leitsatz dieser Entscheidung lautet:

„Der Leasinggeber ist zwar nicht als Halter des im Rahmen des Leasingvertrages überlassenen Fahrzeugs anzusehen, er muß aber seinen Anspruch als Eigentümer gegen einen Beteiligten an einem Unfall ungeklärten Hergangs um den Haftungsanteil kürzen lassen, der wegen der von seinem Fahrzeug ausgehenden Betriebsgefahr begründet ist."

Diese im Ergebnis wohl zutreffende Entscheidung wird u. a. auf § 9 StVG gestützt. Der BGH wird sich mit diesem Problem erneut zu beschäftigen haben.

2.2. Der Substanzschaden

Der Eigentümer kann den Substanzschaden geltend machen.

a) Bei Beschädigung des Fahrzeugs stehen ihm die **Reparaturkosten** und ein Minderwert zu.

Ein **Minderwert** belastet bei Verträgen mit „Restwertvereinbarung" (s. 1. b) u. U. bei der „Schlußabrechnung" den Leasingnehmer. Daraus folgt die vertragliche Pflicht des Leasinggebers, dem Leasingnehmer einen erhaltenen Minderwert gutzuschreiben, d. h. bei der Schlußabrechnung zu berücksichtigen[7]).

b) Im **Totalschadensfall** kann der Leasinggeber den Wiederbeschaffungswert begehren.

Auch Sachverständigen-Gebühren und die Unkostenpauschale sind zu erstatten.

Ersatz der Rechtsanwaltskosten kommt dann nicht in Betracht, wenn der Leasinggeber über eine eingerichtete Rechtsabteilung verfügt und zu Grund und Höhe keine Probleme auftreten[8]).

Da der Leasinggeber vorsteuerabzugsberechtigt ist, ist keine Mehrwertsteuer zu entrichten.

2.3. Der Nutzungsschaden

Dem Leasingnehmer, dem Besitzer, dem Halter steht der Nutzungsschaden zu.

Er kann demnach Nutzungsausfall oder Mietwagenkosten, die Unkostenpauschale und Rechtsanwalts-Gebühren verlangen. Darüber hinaus kann im Schadensfalle dem Leasingnehmer ein noch weitergehender Schaden entstanden sein, auf den im nächsten Abschnitt einzugehen sein wird.

2.4. Kfz-Reparaturkosten

Bei Abrechnung der Reparaturkosten treten bei einem nichtvorsteuerabzugsberechtigten Leasingnehmer Probleme dann ein, wenn er vertragsgemäß Reparaturauftrag erteilt, die Rechnung auf ihn ausgestellt wird und er diese begleicht (s. 1. e).

Ein Nichtvorsteuerabzugsberechtigter kann die Mehrwertsteuer nicht vom Finanzamt ersetzt verlangen. Lehnt der Leasinggeber die Übernahme der Mehrwertsteuer bzw. Geltendmachung derselben im Rahmen des Lohnsteuerausgleichs ab, entsteht dem Leasingnehmer in

Höhe der Mehrwertsteuer ein Schaden. Zu der Frage, ob ein schädigender Dritter einem nichtvorsteuerabzugsberechtigten Leasingnehmer die Mehrwertsteuer zu erstatten hat, liegen unterschiedliche Entscheidungen vor. Einige Gerichte meinen, die Mehrwertsteuer ist zu übernehmen [9]), andere nicht [10]).

In den Entscheidungen, die eine Mehrwertsteuerübernahme durch den Schädiger bejahen, wird von wirtschaftlichem Eigentum, insbesondere aber von einem Haftungsschaden [11]) gesprochen.

Haftungsschaden ist der Betrag, den der Leasingnehmer aufgrund des Vertrages als Folge der Beschädigung des Fahrzeugs als „Schadensersatz" leisten muß, hier also Übernahme der vollen Reparaturkosten einschließlich Mehrwertsteuer [12]).

Hier dürfte in Höhe der Mehrwertsteuer ein Haftungsschaden zu bejahen und bis zur Entscheidung dieser Streitfrage durch den BGH wie folgt zu verfahren sein:

a) Ist Rechnung auf den **vorsteuerabzugsberechtigten** Leasinggeber oder Leasingnehmer ausgestellt, ist netto zu erstatten, die Mehrwertsteuer nicht zu übernehmen.

b) Ist die Rechnung auf den **nichtvorsteuerabzugsberechtigten** Leasingnehmer ausgestellt, empfiehlt sich eine Abrechnung auf Bruttobasis, also mit Mehrwertsteuer.

Sollte der BGH die Auffassung vertreten, die Mehrwertsteuer sei vom Schädiger nicht zu erstatten, entstünden dem Leasingnehmer keine wirtschaftlichen Nachteile. Der Leasingnehmer könnte dann die Rechnung an den Leasinggeber weiterleiten, dieser seine Vorsteuerabzugsberechtigung ausüben und dann dem Leasinggeber die Mehrwertsteuer erstatten.

c) Eine **fiktive Schadensabrechnung** kommt bei Leasing nicht in Betracht, da vertragsgemäß die Reparatur stets in einer Fachwerkstätte = Vertragswerkstätte durchgeführt werden muß.

Eine fiktive Schadensabrechnung kommt nach h. M. dann in Betracht [13]), wenn der Geschädigte sein Fahrzeug nicht reparieren läßt oder die Reparatur durch einen Schwarzarbeiter ausgeführt wird oder er die Reparatur zum Teil selbst durchführt und nur die Restreparatur der Werkstätte überläßt oder aber „eine Hinterhofwerkstätte" aufgesucht wird, die manchmal billiger als eine Vertragswerkstätte ist.

Hier sei nur angemerkt, daß gegen Erstattung der Mehrwertsteuer bei fiktiver Schadensabrechnung – die zur Schwarzarbeit verleitet – erhebliche Bedenken zu erheben sind [14]).

d) Denkbar ist, daß der Leasingnehmer das Fahrzeug in unrepariertem Zustand veräußert, so z. B. wenn ein **neuwertiger Pkw** erheblich beschädigt wird, also das Fahrzeug erst einen Monat benutzt und mit diesem nur 1 000 km, ausnahmsweise in bestimmten Fällen nur 3 000 km zurückgelegt wurden [15]).

Dem Leasinggeber, der das unreparierte Fahrzeug veräußert, ist der Schaden netto zu erstatten.

Bei der Schlußabrechnung kann aber dem Leasingnehmer durch die vorzeitige Auflösung des Vertrages ein wirtschaftlicher Nachteil, ein Schaden entstehen. Die Höhe dieses eingetretenen Schadens ist aus der Schlußabrechnung des Leasinggebers, die kritisch zu prüfen ist, abzulesen. Dieser, dem Leasingnehmer möglicherweise entstandene weitere Schaden wird ihm aus dem Gesichtspunkt des Haftungsschadens bis zur Höhe der Mehrwertsteuer zu erstatten sein.

2.5. Kfz-Totalschaden

a) Bei Totalschaden tritt am Eigentum des **Leasinggebers** Substanzverlust ein. Der Eigentümer, Leasinggeber, veräußert die Restwerte. Er hat Anspruch auf den Wiederbeschaffungswert. Ihm ist demnach der Schaden nur netto abzurechnen.

b) Der **Leasingnehmer** wirkt bei dieser Veräußerung nicht mit. Er erhält eine Schlußabrechnung, die einen durch vorzeitige Vertragsauflösung entstandenen Schaden ausweisen kann.

aa) Mit dem **Ausfall der Sachnutzung** befaßte sich der BGH in dem grundlegenden Urteil vom 13. 7. 1976[16]). Er führte aus, daß aus dem Totalschaden sich keine zusätzliche Belastung des Leasingnehmers ergebe. Denn der Schaden des Leasingnehmers bestehe nicht in der Belastung mit den Leasingraten, die er sowieso hätte erbringen müssen, sein Schaden bestehe im Entzug der Sachnutzung.

Der Ausfall der Sachnutzung bewertete der BGH in Höhe des Betrages, der erforderlich ist, um ein gleichwertiges Ersatzfahrzeug während der unfallbedingten Ausfallzeit anzumieten. Der Schaden des Leasingnehmers könne auch in einer zusätzlichen Zinsbelastung bestehen, weil er die noch offenen Leasingraten sofort entrichten müsse.

Ein weitergehender Schaden dürfte dem Leasingnehmer nicht entstehen, da sich der Leasinggeber ersparte Aufwendungen oder andere, infolge der Kündigung entstandene Vorteile anrechnen lassen muß[17]).

bb) Bei vorzeitiger Vertragsbeendigung wegen Totalschadens ist vom Leasinggeber bei Ermittlung der Ausgleichszahlungen die in den Leasingraten eingerechnete Mehrwertsteuer abzusetzen, da die Mehrwertsteuer nur dann entsteht, wenn ein Leistungsaustausch stattfindet. Im Totalschadensfall liegt aber ein solcher Leistungsaustausch nicht mehr vor. Insoweit darf auf die Ausführungen von Runge[18]) verwiesen werden.

Der BGH hat im Urteil vom 11. 2. 1987[19]) festgestellt, daß Schadensersatzleistungen, die der Leasingnehmer nach außerordentlicher Kündigung des Finanzierungs-Leasingvertrages (§ 554 BGB) zu erbringen hat, ohne Mehrwertsteuer zu berechnen sind, weil ihnen eine steuerbare Leistung (§ 1 I Nr. 1 UStG) nicht gegenüberstehe und der Leasinggeber deshalb Umsatzsteuer auf sie nicht zu entrichten habe. Die dort aufgestellten Gedankengänge sind wohl auch auf Beendigung eines Vertragsverhältnisses durch Totalschaden zu übertragen[20]).

cc) Schließt im Totalschadensfall der Leasingnehmer einen neuen Vertrag mit ungünstigeren Bedingungen ab, dann braucht der Schädiger die hierdurch dem Leasingnehmer entstandenen Mehraufwendungen nicht aus unerlaubter Handlung zu erstatten[21]). Der gegenteiligen Auffassung des OLG Köln ist nicht beizupflichten, da durch den frei getroffenen Willensentschluß des Leasingnehmers der schadensersatzrechtliche Zusammenhang unterbrochen wurde[22]).

3. Kaskoschaden
3.1. Die Fahrzeugversicherung (§§ 12 – 15 AKB)

Zur besseren Verständnis der zur Fahrzeugversicherung (= Kaskoversicherung) vertretenen unterschiedlichen Auffassungen und der sich daraus ergebenden unterschiedlichen Abrechnungen im Kaskoschadensfall erscheint es angebracht, diese darzustellen.

a) Nach Prölss/Martin[23]) ist **Gegenstand der Fahrzeugversicherung** „das Eigentümerinteresse an der Erhaltung des versicherten Fahrzeugs (allg. M., vgl. nur BGH 30, 40 . . .)".

Stiefel/Hofmann[24]) führt aus, daß die Kaskoversicherung dem VN die Mittel für eine **Reparatur** bzw. **Wiederbeschaffung** des Fahrzeugs sichern soll, wenn das Fahrzeug durch Unfall etc. beschädigt oder zerstört wird, weist jedoch darauf hin, daß eine Versicherung für fremde Rechnung genommen werden kann, wenn der VN nicht Eigentümer des Fahrzeugs ist, er die Versicherung für Rechnung des Eigentümers abschließe (§§ 74 ff VVG).

b) Die Kaskoversicherung umfaßt Beschädigung, Zerstörung oder Verlust des Fahrzeugs oder seiner Teile, wenn der Schaden in **Teilkasko** durch Brand, Diebstahl, Haarwild oder Elementarschäden,
in der **Vollkasko**versicherung darüber hinaus durch Unfall oder mut- oder böswillige Handlungen eingetreten ist.

c) **Vorsteuerabzugsberechtigte** und nichtvorsteuerabzugsberechtigte Versicherungsnehmer entrichten eine gleichhohe Prämie.

Der Vorsteuerabzugsberechtigte erhält die „**Entschädigung**" netto, also ohne Mehrwertsteuer, der Nichtvorsteuerabzugsberechtigte brutto.

d) Nach § 13 AKB ersetzt der Versicherer einen Schaden bis zur Höhe des Wiederbeschaffungswertes des Fahrzeugs.

e) Die **Leistungserhöhung** (§ 13 Abs. 2 und 4 b AKB) kommt bei Personenkraftwagen – nicht bei Droschken, Mietwagen etc. – in den ersten beiden Jahren nach Erstzulassung in Betracht. Hier wird der Neupreis erstattet, und zwar dann, wenn im ersten Jahr die Kosten der Wiederherstellung 80 %, im 2. Jahr 70 % des Neupreises erreichen.

Dadurch soll bei schweren Beschädigungen der Versicherungnehmer in die Lage versetzt werden, ein Neufahrzeug zu erwerben.

aa) **Neupreis** ist der vom VN zu entrichtende Kaufpreis eines neuen Fahrzeugs in der versicherten Ausführung. Rabatte, die der VN erzielen kann, mindern die Leistungsgrenze in der Neuwertversicherung. Ein Rabatt von 3 % ist wohl stets zu erzielen, ein Leasinggeber wird wohl einen solchen zwischen 10 bis 20 % erhalten.

bb) Diese Regelung führt zu einer unterschiedlich hohen **Entschädigungsleistung**.

Bei einem Netto-Neupreis (NP) von 40 000 DM erhält ein Privatmann 44 232 DM (NP – 3 %, + 14 % MWSt), ein Vorsteuerabzugsberechtigter 38 800 DM (NP – 3 %) und ein Leasinggeber bei Unterstellung eines Rabatts von nur 10 % 36 000 DM. Von diesen Entschädigungsbeträgen sind die Restwerte sowie die vereinbarte Selbstbeteiligung in Abzug zu bringen.

cc) Diesen „Neupreis" erhält der Versicherungsnehmer, wenn die voraussichtlichen Reparaturkosten 80 % bzw. 70 % des Entschädigungsbetrages übersteigen.

Der Vorsteuerabzugsberechtigte, insbesondere der Leasinggeber, erhält zwar eine niedrigere Leistung vom Versicherer, er kommt jedoch „früher" in den Genuß der Leistungserhöhung.

dd) Die Leistungserhöhung entsteht nach § 13 (2) AKB nur dann, wenn sich „das Fahrzeug bei Eintritt des Versicherungsfalles im Eigentum dessen befindet, der es als Neufahrzeug unmittelbar vom Kraftfahrzeug-Händler oder Kraftfahrzeug-Hersteller erworben hat".

Bei Neufassung dieser Bestimmung (1. 1. 1985) wurde offensichtlich an Leasing nicht gedacht, da hier der Hersteller noch Eigentümer des geleasten Fahrzeugs sein kann (s. 1 a).

ee) Die Leistungserhöhung entsteht nach § 13 (10) AKB „nur insoweit, als die Verwendung der Entschädigung zur Wiederherstellung oder zur Wiederbeschaffung eines anderen Fahrzeugs innerhalb von zwei Jahren nach Feststellung der Entschädigung sichergestellt ist".

ff) Wegen der Leistungserhöhung wird ein Geschädigter abzuwägen haben, ob er neben dem gegnerischen Haftpflichtversicherer nicht auch seinen Kaskoversicherer in Anspruch nimmt. Hier ist allerdings zu bedenken, daß bei Inanspruchnahme des Kaskoversicherers bei einem Unfallschaden oder bei mut- oder böswilligen Beschädigungen eine **Vertragsrückstufung** erfolgt, der Versicherungsnehmer demnach eine Mehrprämie zu erbringen hat. Diese beträgt z. B. in den ersten drei Folgejahren bei einem Golf ca. 500,– DM. Daher erscheint vor Inanspruchnahme des Kaskoversicherers eine Anfrage bei diesem wegen der Mehrprämie zweckmäßig.

f) Hier sei ein Vergleich zu Regelungen in **Österreich** und in der **Schweiz** gestattet.

aa) **Schweiz** (keine Mehrwertsteuer!)

Grundlagen sind die „Allgemeine Bedingungen für die Versicherung von Motorfahrzeugen".

Bei **Teilschaden** erstattet der Versicherer die entstandenen Reparatur- und Abschleppkosten.

Bei **Totalschaden** erstattet der Versicherer, wenn die Versicherung ohne Zeitwertzusatz abgeschlossen wurde (Art. 13 b), den wirklichen Wert des Fahrzeuges zur Zeit des Schadensereignisses, also den Zeitwert.

Ist die Versicherung mit **Zeitwertzusatz** abgeschlossen, so gilt folgendes:

„1. Erreichen oder übersteigen die Reparaturkosten
 – in den ersten zwei Betriebsjahren 60 % des Katalogpreises
 – ab dem 3. Betriebsjahr den Wert des Fahrzeuges zur Zeit des Schadensereignisses (Zeitwert),

2. leistet die Gesellschaft folgende Entschädigung:

Betriebsjahr	Entschädigung
im 1. Jahr	95 % des Katalogpreises
im 2. Jahr	95 – 90 % des Katalogpreises
...	
im 7. Jahr	50 – 40 % des Katalogpreises
mehr als 7 Jahre	Zeitwert

Die Entschädigung kann in keinem Fall höher sein als der Preis, zu dem der Versicherungsnehmer das Fahrzeug erworben hat . . . "

Als Betriebsjahr gilt die Zeitspanne von je 12 Monaten.

Als Katalogpreis gilt der offizielle zur Zeit der Herstellung des Fahrzeugs geltende Katalogpreis. Existiert kein solcher, so ist der für das fabrikneue Fahrzeug bezahlte Preis maßgebend.

bb) **Österreich**

Das Angebot der österreichischen Versicherer ist sehr breit gefächert. Daher wird nachstehend nur auf den vergleichbaren Fahrzeugschaden eingegangen.

Die **Mehrwertsteuer** beträgt in Österreich bei Neufahrzeugen 32 %, bei Kfz-Reparaturen 20 %. Im Hinblick hierauf haben die Versicherungsnehmer ein Wahlrecht, ob sie eine Kaskoversicherung mit oder ohne Mehrwertsteuererstattung abschließen wollen.

So kann ein Privatmann eine Kaskoversicherung ohne Mehrwertsteuer, ein Vorsteuerabzugsberechtigter dagegen eine mit Mehrwertsteuererstattung abschließen. Danach zahlt ein Versicherungsnehmer eine niedrigere bzw. höhere Versicherungsprämie.

Bei einem „**Teilschaden**" erstattet der Versicherer die Reparatur- und Abschleppkosten.

Bei **Totalschaden** besteht nach den Versicherungsbedingungen (EKB 1986, KKB 1986, PSKB 1986, EEKB 1986, BAKB 1986 und EKKB 1986) folgende Regelung:

„Der Versicherer leistet – unter Abzug einer allenfalls vereinbarten Selbstbeteiligung (Artikel 3) – jenen Betrag, der nach folgenden Punkten berechnet wird:

1. Versicherungsleistung bei Totalschaden

1.1. Ein Totalschaden liegt vor, wenn . . .

– die voraussichtlichen Kosten der Wiederherstellung zuzüglich der Restwerte den sich gemäß den Punkten 1.2. bis. 1.3. ergebenden Betrag übersteigen.

1.2. Der Versicherer leistet jenen Betrag, den der Versicherungsnehmer für ein Fahrzeug gleicher Art und Güte im gleichen Abnützungszustand zur Zeit des Versicherungsfalles hätte aufwenden müssen (Wiederbeschaffungswert).

1.3. In einem Zeitraum von 24 Monaten ab der erstmaligen Zulassung erhöht sich die Versicherungsleistung nach folgender Tabelle, sofern der Wiederbeschaffungswert die darin angeführten Werte übersteigt . . .

Es gilt der Listenpreis im Zeitpunkt des Versicherungsfalles . . . "

Die österreicherischen und schweizerischen Kasko-Versicherungsbedingungen stellen die Entschädigung auf einen **objektiven Preis** ab, der **für jedermann gleich ist** und nicht, wie nach unserer AKB (§ 13 Abs. 2 Satz 2), auf die individuellen Verhältnisse des Versicherungsnehmers bzw. Sicherungsschein-Inhabers (s. 3.1. e. aa).

3.2. Die vom Leasingnehmer abgeschlossene Vollkasko-Versicherung

a) In den Leasingverträgen ist festgelegt, daß der Leasingnehmer für das Fahrzeug eine Vollkasko-Versicherung (im Regelfall mit einer Selbstbeteiligung von 650 DM) **abschließen muß**. Bei Antragstellung hat er den Versicherer darauf hinzuweisen, daß das Fahrzeug im Eigentum des Leasinggebers steht.

b) Im Leasingvertrag erklärt sich der Leasingnehmer mit Ausstellung eines **Sicherungsscheins** zugunsten des Leasinggebers einverstanden. Aufgrund des Sicherungsscheins kann der Versicherer mit befreiender Wirkung Entschädigungszahlungen nur an den Leasinggeber, Sicherungsscheininhaber, bewirken. Nur diesem steht das Verfügungsrecht zu.

c) Die **Versicherungsbeiträge** werden vom Leasingnehmer, oder aber bei Teil- oder Full-Service vom Leasinggeber, entrichtet (s. 1. d), stets aber vom Leasingnehmer getragen.

d) Der **Versicherungsschein** enthält keine Aussage zu Leasing. Hinsichtlich des Leistungsumfangs wird auf die AKB verwiesen, die jedoch keine gezielte Aussage zu Leasing enthält. Diese Lücke, ebenso die zum Sicherungsschein, wird durch die Rechtsprechung ausgefüllt.

3.3. Die Rechtsprechung

a) Auch in Kasko entzündete sich der Streit an der Frage, ob dem nichtvorsteuerabzugsberechtigten Leasingnehmer, dem Versicherungsnehmer, vom Kasko-Versicherer die **Mehrwertsteuer** zu erstatten ist. Die Rechtsprechung zu dieser Frage ist uneinheitlich.

Einige Gerichte[25]) vertreten die Auffassung, den nichtvorsteuerabzugsberechtigten Leasingnehmern sei vom Kaskoversicherer auch die Mehrwertsteuer zu erstatten. Der Leasingnehmer habe keine Versicherung für fremde Rechnung abgeschlossen. Mit der Versicherung sollten zumindest auch seine eigenen Interessen abgedeckt werden. Das werde schon daran deutlich, daß der Leasingnehmer nach dem Leasingvertrag Reparaturkosten selbst zu tragen habe. Diese müsse ein Nichtvorsteuerabzugsberechtigter brutto erstatten, ein Teil seines Schadens wäre demnach nicht abgedeckt. In diesem Zusammenhang wird z. B. vom LG Lüneburg vom wirtschaftlichen Eigentum des Leasingnehmers gesprochen und die Grundsätze des Haftungsschadens auf das Kaskoverhältnis übertragen. Darüber hinaus wird die Auffassung vertreten, daß bei Erteilung eines Sicherungsscheins auch das eigene Interesse des Leasingnehmers am Sachwert des fremden Pkw versichert sei[26]).

Bei **Totalschaden** wird von den meisten Gerichten die Ansicht vertreten, daß Nettoabrechnung zu erfolgen habe; hier sei darauf abzustellen, welche Ansprüche dem Leasinggeber gegenüber dem Kaskoversicherer zustehen[27]).

Die Rechtsauffassung wird damit begründet, daß durch die Fahrzeugversicherung das Eigentümer-Interesse geschützt werden solle. Hinzu käme, daß durch Erteilung des Sicherungsscheins das Vertragsverhältnis zu einem Fremdversicherungsvertrag umgestaltet werde (§§ 74 ff VVG).

b) Zur **Leistungserhöhung** nahm das OLG Celle im Urteil vom 26. Juni 1987[28]) Stellung. Aufgrund eingelegter Revision wird nunmehr der BGH in Kürze entscheiden.

Diesem Urteil lag folgender Sachverhalt zugrunde: Die Klägerin leaste einen Pkw, für welchen sie gleichzeitig bei der Beklagten eine Vollkaskoversicherung abschloß. Die Klägerin gab im Versicherungsantrag nicht an, daß es sich um ein geleastes Fahrzeug handelt. Im 2. Versicherungsjahr trat Totalschaden ein. Der Kaskoversicherer zahlte den Entschädigungsbetrag, der dem Leasinggeber zustand. Mit der Klage wurde der darüber hinausgehende Betrag begehrt. Hinsichtlich des rechnerischen Unterschiedes darf auf die Ausführungen unter 3.1. e) bb) und cc) verwiesen werden. Das OLG Celle vertrat die Ansicht, daß durch den Kaskovertrag ein Risiko des Leasinggebers versichert worden sei; es liege eine Fremdversicherung im Sinne der §§ 74, 80 Abs. 1 VVG vor. Hierfür spreche das Eigentum des Leasinggebers und auch die Leasingbedingungen, nach welchen die Klägerin verpflichtet war, eine Vollkaskoversicherung abzuschließen und der Leasinggeber berechtigt war, die Ausstellung eines Sicherungsscheins zu begehren.

Bei Aushändigung eines Sicherungsscheins wäre allein der Leasinggeber berechtigt gewesen, von der Beklagten, der Versicherung, eine Entschädigung zu verlangen[29]). Hinzu käme, daß in den Leasingbedingungen eine Abtretung aller Ansprüche und Rechte aus der für das Fahrzeug abgeschlossenen Vollkaskoversicherung an die Leasinggeber enthalten sei.

Aus all diesen Erwägungen sei zu schließen, daß eine Fremdversicherung gewollt war. Das OLG kann sich hier auf mehrere Entscheidungen anderer Gerichte berufen[30]).

c) Auch hinsichtlich der **Wiederherstellungsklausel** (s. 3.1 e. ee) des § 13 (10) AKB bestehen unterschiedliche Auffassungen.

So muß zwangsläufig das OLG Celle in dem vorbesprochenen Urteil zu dem Ergebnis gelangen, daß nur eine vom Leasinggeber vorgenommene Reinvestition zur Leistungserhöhung führt.

Das LG Lüneburg[31]) stellte die Beurteilung auf den Leasingnehmer ab. Daher die Ansicht, daß eine Reinvestition durch den Leasingnehmer, den Versicherungsnehmer, eine Leistungserhöhung nach sich ziehe. Ein erneutes Leasen stelle eine Reinvestition im Sinne des § 13 (10) AKB dar, da in dieser Bestimmung nur von „Verwendung der Entschädigung" die Rede ist, nicht aber von einem Fahrzeugerwerb oder dergleichen.

3.4. Kritische Betrachtung

a) der 25. **Deutsche Verkehrsgerichtstag** 1987 befaßte sich auch mit diesem Thema:

Der Arbeitskreis III: „Privates Pkw-Leasing" sprach zu Kaskoversicherungen folgende **Empfehlungen** aus:

„ . . .

2. Auch bei Vorliegen eines Sicherungsscheines ist vorrangig das Eigeninteresse des Leasingnehmers versichert. Deshalb steht ihm im Schadensfall aus dem Kasko-Versicherungsvertrag ein Anspruch auf Zahlung von Mehrwertsteuer zu. Dies sollte im Versicherungsvertrag und im Sicherungsschein klar zum Ausdruck gebracht werden.

3. Bei der Frage, ob der für die Zahlung des Neupreises erforderliche Verwendungsnachweis im Sinne von § 13 Abs. 10 AKB geführt ist, kommt es auf die Person des Leasingnehmers an. Nicht nur der Abschluß eines Kaufvertrages, sondern auch der eines Leasing-Vertrages ist als Verwendungsnachweis anzusehen. Der Leasinggeber sollte, wenn er die Reinvestition tätigt, den Kaufpreis und einen eventuellen Rabatt offenlegen ... "

Hierzu sei bemerkt:

aa) Beim Leasen ergeben sich im Schadensfalle aufgrund Ausgestaltung des Vertrages (s. z. B. 1. e) Mehrwertsteuer-Probleme. Hier darf auf die Urteilsbegründung des OLG Celle verwiesen werden.

bb) In der 3. Empfehlung wird in den ersten beiden Sätzen auf die Person des Leasingnehmers abgestellt. Danach soll der Reinvestitionsnachweis des § 13 (10) AKB durch Abschluß eines neuen Leasingvertrages geführt sein. Der dritte Satz der 3. Empfehlung dürfte wohl auf § 13 Abs. 2 Satz 2 AKB hinzielen.

Diese 3. Empfehlung spiegelt die Problematik wider. Hier soll auf die Interessen des Leasingnehmers abgestellt werden, zur Berechnung der Höhe jedoch die vom Leasinggeber tatsächlich erbrachten Aufwendungen zurückgegriffen werden.

Die Empfehlung könnte auch so verstanden werden, daß auch dann, wenn der Leasingnehmer keine Reinvestition vornimmt, Leistungserhöhung in Betracht käme, wenn der Leasinggeber seinerseits ein neues Fahrzeug erwirbt.

b) Es wird die Ansicht vertreten, der **Leasingnehmer** könne nicht schlechter gestellt werden als ein **Autokäufer**. Nichtvorsteuerabzugsberechtigte gehen oft beim Erwerb eines Neufahrzeugs einen Finanzierungsvertrag ein, u. a. auch bei der jeweiligen „Herstellerbank"[32]). Ein Finanzierungsinstitut begehrt genauso wie der Leasinggeber die Ausstellung eines Sicherungsscheins.

Daher braucht hier nicht auf die Entscheidung des BGH vom 29. 1. 1986[33]) näher eingegangen zu werden, in der der BGH feststellte, daß dann, wenn der Leasingnehmer für den Leasinggeber verbindlich nach Beendigung der Vertragszeit einen Käufer stellen darf, ein „Umgehungsgeschäft" des § 6 AbzG vorliege und dem Leasingnehmer ein Erwerbsrecht eingeräumt werde.

c) Durch Erteilung des **Sicherungsscheins** wird der Sicherungsschein-Inhaber alleiniger Verfügungsberechtigter; das Versicherungsverhältnis wird nach Rechtsprechung[34]) und Literatur[35]) zu einer Versicherung für fremde Rechnung.

aa) Der Leasingnehmer schließt hier in eigenem Namen einen Versicherungsvertrag ab und deckt damit vertragsgemäß das Interesse des Leasinggebers ab, und zwar bis zur Höhe der diesem zustehenden Forderung[36]). Darüber hinausgehende Leistungen des Kaskoversicherers stehen dann aber nicht mehr dem Leasinggeber, sondern nur dem Leasingnehmer zu.

bb) Der Vertrag kann eigenes und fremdes Interesse nebeneinander decken. Hier sei nur auf die §§ 85, 151 I VVG hingewiesen. Oder aber, wie in der Kaskoversicherung, zunächst das fremde Interesse an einer Sache gedeckt ist, daneben aber auch, wie zuvor ausgeführt wurde, das eigene Interesse.

cc) Im **Reparaturfall** hat der Leasingnehmer im Regelfalle die Reparatur im eigenen Namen und auf eigene Rechnung durchführen zu lassen.

Das Interesse des Leasinggebers bezieht sich auf Reparatur des Fahrzeugs, also Bezahlung der Reparaturrechnung.

Der nichtvorsteuerabzugsberechtigte Leasingnehmer ist auch an Erstattung der von ihm verauslagten Mehrwertsteuer interessiert. Sein versicherter Schaden beläuft sich auf Reparaturkosten einschl. Mehrwertsteuer. Diese ist ihm zu erstatten.

dd) Bei einem **Totalschaden** dürfte die Mehrwertsteuerfrage keine Rolle spielen, da der Leasinggeber bei Beendigung des Vertragsverhältnisses wegen fehlenden Leistungsausgleichs die Mehrwertsteuer nicht in Ansatz bringen kann. Insoweit darf auf die Ausführungen unter 2.5. b. bb. verwiesen werden.

Bei der Totalschadensabrechnung kann demnach auf die Person des Leasinggebers abgestellt werden.

ee) **Leistungserhöhung** kommt in Betracht, wenn vom Leasinggeber eine Reinvestition vorgenommen wird. Dies erscheint deshalb gerechtfertigt, weil beim Totalschaden auf das Interesse des geschädigten Eigentümers abzustellen ist. Zur Berechnung der Leistungserhöhung muß der Leasinggeber – wie auch jeder andere Versicherte – „den Kaufpreis und einen eventuellen Rabatt offenlegen"[37]).

4. Differenztheorie

Jedes geleaste Fahrzeug ist vollkaskoversichert. Daher spielt hier die Differenztheorie eine besondere Rolle.

a) In der Sachversicherung steht dem Versicherungsnehmer gegenüber dem Versicherer ein **Befriedigungsvorrecht** zu. Dieser Grundsatz fand in § 67 VVG seinen Niederschlag. Dort heißt es:

„Steht dem Versicherungsnehmer ein Anspruch auf Ersatz des Schadens gegen einen Dritten zu, so geht der Anspruch auf den Versicherer über, soweit dieser dem Versicherungsnehmer den Schaden ersetzt. Der Übergang kann nicht zum Nachteil des Versicherungsnehmers geltend gemacht werden."

Ein solches Befriedigungsvorrecht findet man auch in § 87a BBG, in § 4 (3) LFZG oder aber auch § 116 (4) SGB X.

b) Dieses Befriedigungsvorrecht (oft auch fälschlicherweise Quotenvorrecht des VN bezeichnet) bezieht sich jeweils nur auf **kongruente Ansprüche**.

Diese sind beim Kfz-Schaden Reparaturkosten, Minderwert, Wiederbeschaffungswert, Fahrzeug-An- und -Abmeldekosten, Abschleppkosten und Sachverständigen-Gebühren.

Nicht kongruent ist der Nutzungsschaden, also Nutzungsausfall, Mietwagenkosten, Verdienstausfall usw. (auch hier klare Abgrenzung zwischen Substanz- und Nutzungsschaden).

c) Die Differenztheorie sei anhand eines einfachen Beispiels dargestellt. Es besteht ein Haftpflichtanspruch in Höhe von 20%, der Geschädigte hat eine Vollkaskoversicherung mit Selbstbeteiligung von 1000 DM abgeschlossen.

	Haftpflicht	Kaskovers.
Rep.Kosten:	10000 DM	9000 DM
Abschleppkosten:	400 DM	400 DM
SV-Kosten:	600 DN	600 DM
Minderwert:	1000 DM	
Kfz-Schaden:	12000 DM	10000
H-Anspruch = 20% =	2400 DM	

Der Geschädigte hätte hier einen Anspruch gegenüber Kaskoversicherer von 10000 DM. Er kann noch vom Haftpflichtversicherer die restlichen 2000 DM seines Schadens erstattet verlangen. Dem Kaskoversicherer steht gegenüber dem Schädiger nur ein Regreß in Höhe von 400 DM zu.

5. Schutzbrief/Verkehrsserviceversicherung

Nicht nur die Ansprüche aus Haftpflicht und Kasko überschneiden sich, sondern oft auch die aus der Verkehrsserviceversicherung bzw. den sogenannten Schutzbriefen.

24 Leasing: Haftpflicht- und Kaskoschaden

Die Leistungen sind sowohl bei Panne und Unfall, bei Diebstahl und Totalschaden, bei Fahrzeugrückholung, bei Fahrerausfall und bei Personenrücktransport so umfangreich, daß an die Geltendmachung dieser Ansprüche gedacht werden sollte. Auch hier kommt das unter 4. behandelte Befriedigungsvorrecht des Versicherungsnehmers zum Zuge.

Fußnoten:

1) BGHZ 1968, 118 (123) = NJW 1977, 848 = DB 1977, 813 = BB 1977, 513
   BGHZ 1971, 189 (192) = NJW 1978, 1383 = BB 1978, 682
2) BGHZ 1987, 133 (135) = DAR 1983, 224 = VRS 1965, 108 = NJW 1983, 1492
3) Stiefel/Hofmann, aaO Anm. 13 zu § 10 AKB, S. 457
4) Graf v. Westphalen, aaO, Rdnr. 355
5) BGH, VersR 1983, 656 = DAR 1983, 224 = NJW 1983, 1492 = VRS 1965, 108; BGH, NJW 1986, 1044 = VersR 1986, 169 (170) = VRS 1970, 184
6) LG Hamburg, VersR 1986, 584 = ZfS 1986, 227; zustimmend mit eingehender Begründung Klimke ZfV 1987, 450
7) Graf v. Westphalen, aaO, Rdnr. 519, S. 353
8) LG Hannover, ZfS 1986, 218 = VersR 1986, 864; AG Wiesbaden ZfS 1986, 176
9) AG Freiburg, NJW-RR 1987, 345 = ZfS 1987, 170
   AG Fürstenfeldbruck, DAR 1987, 59; OLG Köln, NJW 1986, 1816; AG Langen, ZfS 1987, 207; AG Schorndorf, DAR 1987, 123; LG Stade, DAR 1987, 123 = ZfS 1987, 170 = VersR 1987, 943
10) AG Bad Homburg, ZfS 1985, 43; AG Mönchengladbach, ZfS 1984, 134; AG München, ZfS 1984, 101; LG München ZfS 1984, 100
11) Bethäuser, DAR 1987, 107
12) gegenteiliger Auffassung: Klimke, ZfV 87, 326
13) Becker/Böhme, aaO, Rdnr. 343, 369
14) Dittmayer, aaO, S. 181 ff; Becker/Böhme, aaO, Rdnr. 358
15) s. hierzu Becker/Böhme, aaO, Rdnr. 367, S. 182
16) BGH, VersR 1976, 943 = MDR 1976, 1009 = DB 1976, 1858 = BB 76, 1194
17) BGHZ 1982, 121 (130) = NJW 1982, 870; BGHZ 1985, 39 (44) = NJW 1985, 2253
18) Runge, DAR 1987, 113 (116) sowie Dittmayer, aaO, S. 182 f
19) BGH, NJW 1987, 1690
20) Runge, aaO, DAR 1987, 113 (116); a. A. Graf von Westphalen, aaO, Rdnr. 463
21) BGH VersR 1977, 227; OLG Frankfurt ZfS 1984, 5; LG Augsburg VersR 1986, 822
22) Bethäuser, DAR 1987, 107 (111); ebenso Klimke, ZfV 1987, 389
23) Prölss/Martin, aaO, S. 1070
24) Stiefel/Hofmann, aaO, S. 527, 2 zu § 12 AKB
25) AG Flensburg, DAR 1986, 324 = ZfS 1986, 378; LG Gießen, DAR 1987, 122; LG Hamburg, NJW-RR 1987, 922; LG Hannover, VersR 1986, 864 = DAR 1986, 151 = ZfS 1986, 218; LG Lüneburg, NJW-RR 1987, 920
26) Bethäuser, aaO, DAR 1987, 107 (112) mit weiteren Nachweisen
27) u. a. LG Augsburg, r+s 1987, 97 = ZfS 1986, 298 = VersR 1986, 822; LG Coburg, ZfS 1986, 183; LG Duisburg, r+s 1987, 98; LG Frankfurt (2/5 0 190/85); LG Hamburg, r+s 1987, 97; LG Regensburg, r+s 87, 98; AG Remscheid (7 C 560/86); AG Traunstein, r+s 1985, 289; ebenso: Stiefel/Hofmann aaO, Rdnr. 38 zu § 13, S. 610
28) OLG Celle, U. v. 26. 6. 1987, 8 U 100/86
29) BGH VersR 1985, 679
30) LG Coburg, ZfS 1986, 183; LGe Frankfurt, Duisburg, Regensburg, Augsburg und Remscheid = ZfS 1987, 87 ff
31) LG Lüneburg, DAR 1987, 290
32) Die von diesen begehrten Zinsen von 2 – 3 % beinhalten einen verdeckten weiteren Rabatt
33) BGH, NJW-RR 1986, 594 (595)
34) BGHZ 1940, 297 = VersR 1964, 131 = NJW 1964, 654; BGH, VersR 1979, 176 = DAR 1979, 226 = VRS 1956, 166 = MDR 1979, 294; OLG Köln, VersR 1958, 638; OLG Bamberg, VersR 1981, 1049; KG, VersR 1959, 703
35) so u. a.: Stiefel/Hofmann, aaO, Rdnr. 87 ff zu § 3 AKB, S. 215 ff; Prölss/Martin, aaO, Anm. 2 zu § 15, S. 1089
36) BGHZ 1940, 297 = VersR 1967, 343 = MDR 1967, 565
37) s. 3.4.a. = 3. Empfehlung (3. Satz) des Arbeitskreises III der 25. Deutschen Verkehrsgerichtstages

Literaturverzeichnis

Kommentare / Monographien / Aufsätze

Graf von Westphalen	Der Leasingvertrag, 3. Aufl., 1987
Becker/Böhme	Kraftverkehrs-Haftpflicht-Schäden, 16. Aufl., 1986
Bethäuser	Überlegungen zum privaten Pkw-Leasing – insbesondere zur Abwicklung von Haftpflicht- und Kaskoschäden, DAR 1987, 107 ff
Dittmayer	Das Zusammenspiel von Steuerrecht und Schadensrecht, Beiträge zum Privat- und Wirtschaftsrecht, Heft 53, VVW Karlsruhe (1987)
Klimke	Die Regulierung von Kfz-Schäden an Leasing-Fahrzeugen, ZfV 1987, S. 301 – 306, S. 324 – 327, S. 387 – 391, S. 450 – 453
Prölss/Martin	Versicherungsvertragsgesetz, 23. Aufl., 1984
Runge	Privates Pkw-Leasing, DAR 1987, 113 ff
Stiefel/Hofmann	Kraftfahrtversicherung, 13. Aufl., 1986

Gewährleistungshaftung und ordentliche Vertragsbeendigung beim Pkw-Leasing

Rechtsanwalt Dr. Friedrich Graf von Westphalen, Köln

I. Gewährleistungsansprüche des Leasingnehmers

Es ist von hoher Bedeutung, daß die BGH-Judikatur Leasingverträge – auch solche, die üblicherweise in der Kategorie des Finanzierungsleasing erscheinen – als Verträge beurteilt, die „in erster Linie" dem Mietrecht folgen[1]). Dabei ist die Überlassung des Leasingguts in einem gebrauchstauglichen, funktionstüchtigen Zustand eine „Hauptpflicht des Leasinggebers"[2]). Anders gewendet: Der „Sacherwerb durch den Leasinggeber und (die) Gebrauchsüberlassung an den Leasingnehmer" erweisen sich aufgrund des von beiden Vertragsparteien verfolgten Vertragszweck als so wesentlich, daß diese „den zentralen Vertragsinhalt"[3]) in der Weise bilden, daß „die Verschaffung einer mangelfreien Sache damit eine Hauptpflicht des Leasinggebers" ist[4]).

1. Die „Abtretungskonstruktion"

Es entspricht – auch im Bereich des Pkw-Leasing – üblicher Vertragsgestaltung: Der Leasinggeber zeichnet sich – ungeachtet der mietvertraglichen Qualifikation des Leasingvertrages – von der mietvertraglichen Eigenhaftung gemäß § 535 ff. BGB frei. Als Kompensation verweist er jedoch den Leasingnehmer auf die Ansprüche, die ihm, dem Leasinggeber, gegenüber dem Lieferanten des Leasingguts zustehen. Daraus ergeben sich beim Pkw-Leasing einige Fragen, die sorgfältiger Behandlung bedürfen.

a) Die wirksame Einbeziehung gemäß § 2 AGB-Gesetz

Gerade auch beim Pkw-Leasing ist es häufig so, daß der Leasingnehmer Nicht-Kaufmann im Sinn von § 24 AGB-Gesetz ist. Unter dieser Voraussetzung stellt sich regelmäßig die – bislang wenig erörterte – Frage[5]), ob nicht der Leasinggeber als AGB-Verwender verpflichtet ist, den Leasingnehmer bei Vertragsabschluß ausdrücklich auf die einzubeziehenden Verkaufs-AGB hinzuweisen, um ihm so die Möglichkeit zumutbarer Kenntnisnahme von den einzubeziehenden AGB im Sinn von § 2 Abs. 1 AGB-Gesetz zu verschaffen[6]). Für eine wirksame Einbeziehung der Lieferanten-AGB in die Leasing-AGB reicht es nicht aus, daß der Leasinggeber – z. B. im Rahmen der Gewährleistung – lediglich darauf hinweist, daß er von der leasingtypischen „Abtretungskonstruktion" Gebrauch macht[7]). Erforderlich ist vielmehr, daß der

Leasinggeber zum einen gemäß § 2 Abs. 1 Nr. 1 AGB-Gesetz „ausdrücklich" auf die Lieferanten-AGB auf der Vorderseite hinweist[8]), und daß der Leasinggeber zum anderen dem Leasingnehmer die Möglichkeit zumutbarer Kenntnisnahme von eben diesen AGB gemäß § 2 Abs. 1 Nr. 2 AGB-Gesetz verschafft[9]).

Aus praktischer Hinsicht ergeben sich dabei folgende Differenzierungen: Unterbreitet der Leasingnehmer dem Lieferanten zunächst – wie dies üblicher Verkaufspraxis entspricht – eine „Bestellung", welche rechtlich als Angebot zum Abschluß eines Kaufvertrages gemäß § 145 BGB zu qualifizieren ist[10]), so wird der Leasinggeber dann regelmäßig in diese Bestellung „einsteigen". Er übernimmt die den Leasingnehmer bindende „Bestellung" und schließt seinerseits mit dem Lieferanten den erforderlichen Kaufvertrag über den Pkw ab, so daß dann bei Auslieferung des Pkw – und erfolgter Übernahme- und Abnahmebestätigung[11]) – der Leasingvertrag in Kraft tritt. Unter dieser Perspektive stellt sich die Frage, ob der Leasingnehmer überhaupt im Hinblick auf die einzubeziehenden Lieferanten-AGB schutzbedürftig ist; denn aufgrund der von ihm getätigten „Bestellung" hat er im Sinn von § 2 Abs. 1 AGB-Gesetz bereits Kenntnis von den einbezogenen Lieferanten-AGB, welche dann ihrerseits den Leasingvertrag im Rahmen der „Abtretungskonstruktion" zugrunde liegen. Gleichwohl sprechen die besseren Argumente dafür, an der strikten Erfüllung der rechtsgeschäftlichen Einbeziehungsvoraussetzungen von § 2 AGB-Gesetz deswegen festzuhalten, weil der Abschluß des Leasingvertrages – juristisch wie wirtschaftlich – von der auf einen Kaufvertrag zielenden „Bestellung" zu unterscheiden ist. Es handelt sich um zwei selbständige Verträge. Und es ist in der Literatur anerkannt, daß die Einbeziehungsvoraussetzungen von § 2 AGB-Gesetz bei jedem einzelnen Vertragsabschluß zu erfüllen sind[12]).

Geschieht dies jedoch in der Praxis nicht, so ist die Folgerung unausweichlich: Mangels wirksamer Einbeziehung der Lieferanten-AGB ist die Haftungsfreizeichnung des Leasinggebers gegenüber den §§ 535 ff. BGB gemäß § 9 Abs. 2 Nr. 1 AGB-Gesetz unwirksam. Es greift dann die mietvertragliche Eigenhaftung des Leasinggebers gemäß §§ 537, 538 BGB ein. Die praktische Konsequenz: Die auf die Gewährleistungsfrist des § 477 BGB begrenzte Kaufvertragshaftung wird durch die – auf die Dauer der Grundmietzeit erstreckte – Vermieterhaftung ersetzt[13]).

Die gleichen Erwägungen gelten dann, wenn der Lieferant – wie beim Pkw-Leasing durchaus üblich – über Formulare des Leasinggebers verfügt, die er dann – ohne daß es zuvor zu einer „Bestellung" durch den Leasingnehmer kommt – zusammen mit dem künftigen Leasingnehmer ausfüllt und so den Abschluß des Leasingvertrages vorbereitet. Bei dieser Konstellation gilt zum einen, daß der Lieferant Erfüllungsgehilfe des Leasinggebers im Sinn des § 278 BGB ist, weil und soweit er – bezogen auf die Vorbereitung des Abschlusses des Leasingvertrages – dem Leasinggeber „eigenes Handeln erspart"[14]). Daraus ist abzuleiten: Es ist durchaus Sache des Lieferanten des Leasingguts, als Erfüllungsgehilfe des Leasinggebers dafür zu sorgen, daß die Lieferanten-AGB gemäß § 2 AGB-Gesetz wirksam in den jeweiligen Leasingvertrag einbezogen und damit Bestandteil des vom Leasingnehmer herrührenden Angebots werden. Geschieht dies nämlich nicht, so daß der Leasinggeber seinerseits erst dafür Sorge trägt, daß im Rahmen der Annahmeerklärung betreffend den Leasingvertrag die Lieferanten-AGB gemäß § 2 AGB-Gesetz einbezogen werden, so liegt der höchst kontroverse Tatbestand des § 150 Abs. 2 BGB vor[15]). Denn die Annahmeerklärung des Leasinggebers, die unter erstmaligem Hinweis auf die Geltung der Lieferanten-AGB abgegeben wird, bedarf ihrerseits der Annahme durch den Leasingnehmer; und ob es hierfür ausreicht, daß der Leasingnehmer – in Kenntnis der Lieferanten-AGB – den Pkw abnimmt und die entsprechende Übernahme und Abnahmebestätigung ausstellt, ist fraglich. Mangels ausreichender, klarer Indizien wird man dies nur sehr zögernd bejahen, weil ja § 2 Abs. 1 AGB-Gesetz die wirksame Einbeziehung der Lieferanten-AGB von dem „Einverständnis" des Leasingnehmers abhängig macht. Erschwerend fällt ins Gewicht, daß die auf § 150 Abs. 2 BGB abstellende, als einschlägig einzuordnende BGH-Judikatur ausschließlich den kaufmännischen Bereich betrifft[16]). Schon dies macht Rückschlüsse auf das Erfordernis des „Einverständnisses" mit der Lieferanten-AGB im Sinn von § 2 Abs. 1 AGB-Gesetz schwierig[17]).

Ist indessen der Lieferant Erfüllungsgehilfe des Leasinggebers, so spricht einiges dafür, eine Haftung wegen Verschuldens bei Vertragsabschluß – bezogen auf das Rechtsverhältnis zwischen Leasinggeber – Lieferant des Leasingguts dann zu bejahen, wenn es der Lieferant unterlassen hat, bei Vorbereitung des abzuschließenden Leasingvertrages – also: im Angebotsstadium – auf die einzubeziehenden Lieferanten-AGB im Sinn von § 2 Abs. 1 AGB-Gesetz hinzuweisen[18]). Freilich gilt dies nur dann, wenn der Leasinggeber entsprechende Instruktionen zur wirksamen Einbeziehung der Lieferanten-AGB in den Leasingvertrag erteilt hat, die der Lieferant pflichtwidrig nicht einhält – ein Gesichtspunkt, der auch Schadensersatzansprüche wegen positiver Vertragsverletzung nahelegen könnte.

b) Die Gewährleistungsansprüche des Leasingnehmers

Es ist hier sicherlich nicht der Ort, im einzelnen den Fragen nachzugehen, die sich im Rahmen einer Pkw-Gewährleistung auf Basis der Regelung von Ziff. VII 6 der „Allgemeinen Geschäftsbedingungen für den Verkauf von fabrikneuen Kraftfahrzeugen und Anhängern" ergeben[19]). Unter Berücksichtigung auf § 11 Nr. 10 c AGB-Gesetz bestehen keine durchgreifenden Bedenken gegen die Wirksamkeit dieser Regelungen[20]). Soweit der Leasingnehmer gegenüber dem Lieferanten des Pkw Mangelbeseitigung verlangt, ist er nicht berechtigt, fällige Leasingraten gegenüber dem Leasinggeber zurückzuhalten[21]). Denn das Recht des Leasingnehmers, weitere Zahlungen von Leasingraten gegenüber dem Leasinggeber zu verweigern, gelangt erst dann zur Entstehung, wenn der Leasingnehmer gegenüber dem Lieferanten des Leasingguts die Wandelung erklärt und Klage erhoben hat[22]). Demzufolge stellt sich die Frage, unter welchen Voraussetzungen von einem „Fehlschlagen" der Mangelbeseitigung im Sinn von § 11 Nr. 10 b AGB-Gesetz gesprochen werden kann.

Ein derartiges „Fehlschlagen" im Sinn von § 11 Nr. 10 b AGB-Gesetz liegt immer dann vor, wenn die Mangelbeseitigung vom Lieferanten verweigert, treuwidrig unterlassen oder unzumutbar verzögert wird[23]). Der häufigste Fall dürfte der sein, daß die Mangelbeseitigung dem jeweiligen Lieferanten nicht innerhalb zumutbarer Fristen gelingt. Allgemein verbindliche Fristen, innerhalb derer die Mangelbeseitigung durchzuführen ist, lassen sich nicht finden[24]). Stets entscheiden die besonderen Umstände des Einzelfalls. Doch ist zu berücksichtigen, daß die Kfz-Händler verpflichtet sind, eine ausreichende Ersatzteilbevorratung zu unterhalten[25]). Deshalb ist vorgeschlagen worden, als Regelfrist von einer Woche auszugehen[26]). Stets sind dabei die Interessen der beteiligten Parteien gegeneinander abzuwägen; es kommt auf Art und Schwere des Mangels sowie auf dessen Auswirkung auf die Gebrauchstauglichkeit und die Verkehrssicherheit des Pkw an[27]).

Als Faustregel dürfte sich folgende Erkenntnis anbieten: Von einem Pkw-Händler können regelmäßig zwei Mangelbeseitigungsversuche erwartet werden, bevor der Leasingnehmer berechtigt ist, die weiterreichenden Rechte – Wandelung oder Minderung – im Sinn von § 11 Nr. 10 b AGB-Gesetz auszuüben[28]). Andererseits: Macht der Leasingnehmer geltend, das „Fehlschlagen" der Mangelbeseitigung im Sinn von § 11 Nr. 10 b AGB-Gesetz sei darauf zurückzuführen, daß die Mangelbeseitigung unzumutbar verzögert wurde, so dürfte es sich regelmäßig empfehlen, daß der Leasingnehmer dem Lieferanten des Leasingguts eine angemessene Frist zur Durchführung der Mangelbeseitigung mit Ablehnungsandrohung setzt[29]). Denn nur unter dieser Voraussetzung kann der Leasingnehmer berechtigterweise davon ausgehen, daß eine Wandelungsklage ausreichende Aussicht auf Erfolg hat, und daß insbesondere seine Zahlungsverweigerung nicht im Ergebnis dazu führt, Zahlungsverzug gemäß § 554 BGB zu begründen, so daß Schadensersatzansprüche wegen Nichterfüllung nach fristloser Kündigung des Leasingvertrages erwachsen[30]).

2. Die Konsequenzen des „Fehlschlagens" der Mangelbeseitigung

a) Im Fall der Wandelung

Die BGH-Judikatur[31]) ist eindeutig: Soweit die Wandelung im Verhältnis zwischen Leasingnehmer – Lieferant des Pkw vollzogen ist, fehlt im Leasingvertrag „von vornherein"[32]) die Geschäftsgrundlage gemäß § 242 BGB. Durch den Vollzug der Wandelung im Sinn von § 467 BGB entsteht ein Rückabwicklungsschuldverhältnis. Danach sind die Parteien verpflichtet, einander so zu stellen, als sei der Kaufvertrag von vornherein nicht zustande gekommen. Der Zweck des Leasingvertrages, nämlich: der käufliche Erwerb eines gebrauchstauglichen, funktionstüchtigen Pkw durch den Leasinggeber und dessen Gebrauchsüberlassung an den Leasingnehmer, ist dann nicht nur nachträglich für die Zukunft, sondern schon seit Abschluß des Leasingvertrages nicht mehr vorhanden[33]). Dies gilt ohne Rücksicht darauf, ob das Leasinggut für eine gewisse Zeit gebrauchstauglich oder von Anfang an gebrauchsuntauglich war[34]).

Aus der leasingtypischen „Abtretungskonstruktion" folgt dabei, daß der Leasinggeber gegenüber dem Leasingnehmer gleichzeitig verbindlich erklärt, „die rechtlichen Folgen, die sich aus der Geltendmachung der Gewährleistungsrechte durch den Leasingnehmer ergeben, als für sich verbindlich"[35]) hinzunehmen[36]). Dies ist aus zwei Gründen von praktischer Relevanz:

Einigen sich Leasingnehmer und Lieferant des Leasingguts – unterhalb der Schwelle eines kollusiven Verhaltens – darauf, das Wandelungsbegehren des Leasingnehmers vergleichsweise zu akkordieren, so ist der Leasinggeber daran gebunden[37]). Davon abgesehen entspricht es einer „interessengerechten Auslegung"[38]), das klageweise geltend gemachte Wandelungsbegehren des Leasingnehmers dahin auszulegen, daß der Lieferant als Beklagter – Zug um Zug gegen Rückgabe des Leasingguts – verpflichtet ist, die Rückzahlung des Kaufpreises unmittelbar an den Leasinggeber zu bewirken[39]). Dies ist deswegen geboten, weil der Leasinggeber den Lieferanten des Leasingguts veranlaßt hat, das Leasinggut unmittelbar an den Leasingnehmer – zum Zweck der Erfüllung des Leasingvertrages – auszuliefern, wobei er sich gleichzeitig gegenüber dem Lieferanten verpflichtet hat, erst unter dieser Voraussetzung die Zahlung des Kaufpreises zu leisten[40]).

Demzufolge spricht einiges dafür, daß der Leasinggeber zweckmäßigerweise den Leasingnehmer vertraglich verpflichtet, ihn unverzüglich zu unterrichten, sobald der Leasingnehmer gegenüber dem Lieferanten des Leasingguts Klage auf Wandelung oder Minderung erhebt. Denn nur unter dieser Voraussetzung ist der Leasinggeber in der Lage, den erforderlichen Einfluß auf die Führung des Gewährleistungsprozesses zu nehmen, um so von vornherein – soweit möglich – zu verhindern, daß der Leasingnehmer nur deswegen Wandelungsklage erhebt, um sich wegen eigener verspäteter Vertragsreue vom Leasingvertrag zu lösen.

b) Ersatzansprüche des Leasinggebers

Gerade weil der Vollzug der Wandelung bewirkt, daß dem Leasingvertrag „von vornherein"[41]) die Geschäftsgrundlage gemäß § 242 BGB fehlt, ist das in der BGH-Entscheidung vom 9. 10. 1985[42]) verankerte Äquivalenzprinzip von hoher Bedeutung: Dem Leasinggeber steht nämlich kein Anspruch zu, irgendwelche Kostenerstattungsansprüche gegenüber dem Leasingnehmer zu reklamieren, weil und soweit er seine mietvertragliche Gebrauchsverschaffungspflicht nicht erfüllt hat. So gesehen macht es keinen Unterschied, ob der Leasinggeber nur Ansprüche auf Erstattung von Bereitstellungsprovision geltend macht[43]), oder ob er sogar Anspruch auf den Geschäftsgewinn reklamiert[44]). Denn der Vollzug der Wandelung – und damit der Wegfall der Geschäftsgrundlage – realisiert sich als typisches Geschäftsrisiko des Leasinggebers. Daß zugunsten des Leasinggebers insoweit keine „gesetzliche" Anspruchsgrundlage heranzuziehen ist[45]), ergibt sich aus der rechtlichen Qualifikation des Leasingvertrages als eines atypischen Mietvertrages, auf den „in erster Linie" die Bestimmungen der §§ 535 ff. BGB Anwendung finden[46]).

Demzufolge kann auch nicht der Typizität des Leasingvertrages – insbesondere des Finanzierungs-Leasingvertrages – etwas anderes abgeleitet werden[47]). Zur Konsequenz hat dies, daß alle Kostenerstattungs- und Schadensersatzansprüche des Leasinggebers gegenüber dem Leasingnehmer an § 9 Abs. 2 Nr. 1 AGB-Gesetz scheitern, die aus oder im Zusammenhang mit dem Vollzug der Wandelung – und des damit einhergehenden Wegfalls der Geschäftsgrundlage des Leasingvertrages – vom Leasinggeber gegenüber dem Leasingnehmer geltend gemacht werden[48]).

3. Die Überwälzung des Insolvenzrisikos auf den Leasingnehmer?

a) Der bisherige Streitstand

Der BGH hat in seiner Entscheidung vom 20. 6. 1984[49]) festgestellt, daß der Leasinggeber das Insolvenzrisiko des Lieferanten des Leasingguts trägt, soweit der Leasingnehmer als Folge dieser Insolvenz nicht in der Lage ist, die ihm abgetretenen Gewährleistungsansprüche erfolgreich durchzusetzen. Der Leitsatz dieser Entscheidung lautet:

> „Scheitert beim Finanzierungsleasing die Durchsetzung der Wandelung an der Vermögenslosigkeit des Herstellers/Lieferanten, so muß der Leasingnehmer im Verhältnis zum Leasinggeber so gestellt werden, wie er stünde, wenn die Wandelung des Kaufvertrages vollzogen worden wäre"[50]).

Diese Aussage deckt sich in der Sache mit instanzgerichtlichen Urteilen[51]). Allerdings hat das OLG Frankfurt in seinem Urteil vom 17. 9. 1985[52]) Gegenteiliges entschieden, weil der Leasinggeber aufgrund einer besonderen Klausel das Insolvenzrisiko des Lieferanten des Leasingguts auf den Leasingnehmer überwälzt hatte.

b) Die Besonderheiten beim Pkw-Leasing

Es ist hier sicherlich nicht der Ort, im einzelnen das Meinungsfeld nachzuzeichnen, das sich zu dieser Frage inzwischen ausgebreitet hat[53]). Denn beim hier zu behandelnden Pkw-Leasing bestehen zwei Besonderheiten, die nicht außer acht gelassen werden dürfen:

Unabhängig von der sicherlich sehr schwierig zu beurteilenden Frage, wie die in der Kfz-Branche anzutreffende „Herstellergarantie" rechtlich einzuordnen ist[54]), gilt für die Kfz-Branche gemäß Ziff. VII 2 a) der „Allgemeinen Geschäftsbedingungen für den Verkauf von fabrikneuen Kraftfahrzeugen und Anhängern", daß der Käufer Anspruch auf Mangelbeseitigung nicht nur bei dem verkaufenden Händler hat, sondern dieses Recht auch bei allen anderen für die Betreuung des Pkw vom Hersteller/Importeur anerkannten Betrieben geltend machen kann[55]). Dies beruht darauf, daß die in der Kfz-Branche üblichen Händlerverträge die Vertragshändler verpflichten, nach bestimmten „Richtlinien" Mangelbeseitigungen vorzunehmen, sei es aufgrund einer „Herstellergarantie", sei es im Rahmen der üblichen kaufrechtlichen Gewährleistung[56]).

Unter dieser Voraussetzung stellt sich die Frage, ob die Insolvenz eines bestimmten Händlers zwingend dazu führt, unter Berücksichtigung des Inhalts der BGH-Entscheidung vom 20. 6. 1984[57]) ein Scheitern des Leasingvertrages auszulösen, so daß der Leasingnehmer im Verhältnis zum Leasinggeber so zu stellen wäre, wie er stände, wenn die Wandelung des Kaufvertrages vollzogen worden wäre. Diese Frage ist nicht notwendigerweise zu bejahen; vielmehr spricht einiges dafür, den Leasingnehmer – ungeachtet der Insolvenz seines Vertragspartners – im Hinblick auf seine Gewährleistungsansprüche an einen anderen Vertragshändler der gleichen Marke zu verweisen, ohne daß dies zum Wegfall der Geschäftsgrundlage des Leasingvertrages gemäß § 242 BGB führt. Doch ist hier allemal die Schranke der Zumutbarkeit zu beachten. Ist sie überschritten, so daß von einem „Fehlschlagen" der Mangelbeseitigung – wegen oder im Zusammenhang mit der Insolvenz des zur Mangelbeseitigung verpflichteten Lieferanten – die Rede ist, so ist der Wegfall der Geschäftsgrundlage des Leasingvertrages unvermeidbar[58]).

Dieses Ergebnis deckt sich im wesentlichen mit früher angestellten Erwägungen, wonach unter besonderer Berücksichtigung der prototypischen Besonderheiten des Leasingvertrages zwischen einem Finanzierungs- und einem Hersteller-Leasing unterschieden wurde[59]). Da das Hersteller-Leasing dadurch charakterisiert schien, daß zwischen Hersteller und Leasinggeber – insbesondere beim markengebundenen Pkw-Leasing eine enge gesellschaftsrechtliche Verbindung besteht, welche auch nach außen in Erscheinung tritt[60], wurde vorgeschlagen, das Insolvenzrisiko des Lieferanten beim Hersteller-Leasing in jedem Fall auf den Leasinggeber abzuwälzen[61]). Denn beim Hersteller-Leasing erscheinen – so wurde argumentiert – Leasinggeber und Lieferant des Leasingguts als „wirtschaftliche Einheit"[62]), so daß es im Sinn von § 9 Abs. 2 Nr. 1 AGB-Gesetz unangemessen wäre, den Leasingnehmer mit dem Insolvenzrisiko des Leasinggebers zu belasten.

Indessen ist die Distinktion zwischen Finanzierungs- und Hersteller-Leasing vom BGH verworfen worden[63]), weil sie – nach Auffassung des BGH – nicht ausreichend praktikabel sei, zumal auch beim Hersteller- oder Händler-Leasing ein Finanzierungsinteresse durchaus vorliege[64]). Diesen Argumenten des BGH ist an anderer Stelle Rechnung getragen worden[65]), weil alle wesentlichen auf dem Finanzierungsinteresse beruhenden „Privilegierungen" des Leasingvertrages, die diesen vom Hersteller- oder Händler-Leasing unterschieden, beträchtlich modifiziert wurden[66]).

Gerade deswegen stellt sich die Frage, ob es beim Pkw-Leasing wirksam wäre, das Insolvenzrisiko des Lieferanten – aufgrund einer ausdrücklichen AGB-Klausel – auf den Leasingnehmer zu überwälzen[67]). Soweit man der Auffassung ist, daß keine zwingenden dogmatischen Argumente einer solchen Klausel entgegenstehen, kann man unter Berücksichtigung der Entscheidung des OLG Frankfurt[68]) eine solche Klausel vorsehen[69]). Doch ist die dann nach § 9 Abs. 2 Nr. 1 AGB-Gesetz anzustellende Wertung – bereits Gesagtes wieder aufgreifend – davon abhängig, inwieweit zwischen Leasinggeber und Lieferant des Leasingguts – etwa beim markengebundenen Pkw-Leasing – eine „wirtschaftliche Einheit" besteht[70]). Trifft dies aus der Sicht des Leasingnehmers zu, so spricht unter Berücksichtigung der BGH-Entscheidung vom 20. 6. 1984[71]) wenig dafür, die Wirksamkeit einer solchen Klauselgestaltung zu bejahen. Denn es ist in der Tat eine unangemessene Benachteiligung des Leasingnehmers, angesichts seiner engen Verflechtung zwischen Leasinggeber und Lieferant des Leasingguts das Insolvenzrisiko des Lieferanten auf den Leasingnehmer abzuwälzen.

II. Die ordentliche Vertragsbeendigung

1. Das Erfordernis transparenter Vertragsgestaltung

Verträge im Bereich des Pkw-Leasing sind grundsätzlich Teilamortisationsverträge[72]). In steuerrechtlicher Hinsicht ist der Teilamortisationserlaß vom 22. 12. 1975[73]) maßgebend. Aus diesem Grund ist es von Wichtigkeit daran zu erinnern, daß der BGH in mehreren Entscheidungen[74]) – bezogen auf das Modell des kündbaren Teilamortisationsvertrages mit Abschlußzahlung des Leasingnehmers – die fehlende Transparenz der Entgeltleistung des Leasingnehmers gerügt hat[75]). Die Begründung ist darauf zurückzuführen, daß der Leasinggeber – gerade bei Teilamortisationsverträgen – den Anspruch auf volle Amortisation seiner gesamten Herstellungs- und Anschaffungskosten, einschließlich aller Nebenkosten sowie des Gewinns hat – ein Anspruch, der allerdings nicht allein durch die Entgeltzahlungen des Leasingnehmers während der unkündbaren Grundmietzeit befriedigt wird.

Vielmehr bedingt das Erfordernis der transparenten Vertragsgestaltung, daß dem Leasingnehmer klar vor Augen geführt wird, daß die von ihm zu entrichtenden Leasingraten eine **Teilamortisation** darstellen, und daß die Vollamortisation nur dadurch erreicht werden kann, daß der Leasingnehmer gegenüber dem Leasinggeber den – wie immer zu errechnenden oder fixierten – „Restwert" nach Ablauf der Grundmietzeit garantiert. Dies entspricht den steuerrechtlichen Prämissen des Teilamortisationserlasses vom 22. 12. 1975[76]), weil danach der Leasinggeber nur dann wirtschaftlicher Eigentümer des Leasingguts ist, wenn er selbst die Chance der Wertsteigerung besitzt, während der Leasingnehmer das Risiko der Wertminderung des Leasingguts trägt.

So gesehen sind aber auch Teilamortisationsverträge „in erster Linie" den mietvertraglichen Bestimmungen der §§ 535 ff. BGB unterworfen[77]). Doch reicht die garantiemäßige Absicherung des Vollamortisationsanspruchs des Leasinggebers über die in den Leasingraten verkörperte Entgeltpflicht hinaus; sie ist **Risikoabsicherung** des Leasingnehmers gegenüber einer etwaigen Wertminderung des Leasingguts, wie sie sich in einer Differenz zwischen dem „Restwert" und dem Verkehrswert/Zeitwert des Leasingguts nach Ablauf der Grundmietzeit niederschlägt. Demzufolge ist – wie an anderer Stelle ausführlich dargelegt[78]) – nur dann eine entsprechende Vollamortisationspflicht des Leasingnehmers anzuerkennen, wenn diese so transparent gestaltet ist, daß sie dem Leasingvertrag – in seiner Ausgestaltung als Teilamortisationsvertrag – das Gepräge gibt.

a) Die instanzgerichtliche Judikatur

Es ist durchaus zu begrüßen, daß die Instanzgerichte in mehreren Entscheidungen das Erfordernis einer transparenten Vertragsgestaltung – gerade im Bereich des Pkw-Leasing aufgegriffen und – intransparente – Leasing-AGB an den Wertungskriterien der §§ 3, 9 AGB-Gesetz gemessen haben[79]). Aus diesem Grund steht das LG Frankfurt[80]) auf dem Standpunkt, es reicht nicht aus, das Erfordernis transparenter Vertragsgestaltung zu erfüllen, wenn der Schluß auf die Vollamortisationspflicht des Leasingnehmers sich erst auf die Kündigungsbestimmungen in den Leasing-AGB ergibt. Erforderlich ist vielmehr – so das LG Frankfurt –, daß sich die Absicherung des Restwertes „klar, eindeutig und unmißverständlich entweder bereits im Angebot oder doch wenigstens auf der Vorderseite des Antragsformulars" wiederfindet[81]). Demzufolge stufte das LG Frankfurt[82]) die lediglich in der Kündigungsklausel enthaltene Amortisationspflicht (Restamortisation) als überraschende Klausel im Sinn von § 3 AGB-Gesetz ein.

Diesen Gedanken greift nunmehr das OLG Oldenburg[83]) auf. Unter Hinweis auf die unmittelbare Abhängigkeit zwischen dem – kalkulierten – „Restwert" und den monatlich zu zahlenden Leasingraten erklärt das Gericht:

Gewährleistungshaftung und ordentliche Vertragsbeendigung beim Pkw-Leasing

„Dieses Wechselspiel (zwischen „Restwert" und Leasingraten) zeigt, daß der Restwert tatsächlich unmittelbar abhängig ist von der Höhe der monatlichen Raten und somit nicht nur eine relativ unverbindliche mathematische Größe darstellt, sondern in engem und unmittelbarem Zusammenhang mit der Höhe der monatlichen Zahlung zu sehen ist. Diese wechselseitige Abhängigkeit aber wird dem Kunden nicht klar. Ihm ist weder durch eine – soweit ersichtlich – eingehende Belehrung noch durch klare Hinweise auf dem von der Klägerin verwendeten Formular deutlich gemacht worden, daß die Nennung des Restwertes eine genauso große Bedeutung hat wie die Höhe der Raten, mit deren Bezahlung sich nach Ansicht des Leasingnehmers seine Verpflichtungen im wesentlichen erschöpfen. Dem Leasingnehmer wird also nicht deutlich und transparent gemacht, daß er diesen Restwert garantiert"[84]).

Demzufolge hält das OLG Oldenburg[85]) fest:

„Die danach fehlende Transparenz zwischen Teilamortisation, Absicherung des Restwerts und Verwertung des Leasingguts läßt die Forderung nach einer Abschlußzahlung als Ausfluß der Garantie des Restwertes als Überraschungsklausel gemäß § 3 AGB-Gesetz erscheinen"[86]).

Noch eindeutiger ist die Argumentation des OLG Karlsruhe[87]). Es heißt dort:

„Klar und eindeutig muß dem Leasingnehmer bewußt werden, daß seine Entgeltpflicht sich nicht auf die Zahlung der während der vereinbarten Mietzeit anfallenden Leasingraten beschränkt, sondern im Fall eines Mindererlöses bei der Verwertung des Leasingguts die Absicherung des Restwerts umgreift. Grundsätzlich ist deshalb zu verlangen, daß diese besondere Gestaltung auf der Vorderseite des Vertragsformulars transparent ausgestaltet ist. Es reicht nicht aus, wenn die vom Leasingnehmer geschuldete Absicherung des Restwerts einfach als mathematische Ziffer im Vertragsformular erscheint, ohne daß für den Leasingnehmer erkennbar wird, daß der Restwert von ihm auch garantiert wird, sofern die Verwertung des Leasingguts einen Mindererlös zeitigt"[88]).

Demzufolge argumentiert auch das OLG Karlsruhe[89]) mit dem Gedanken der Überraschungsklausel gemäß § 3 AGB-Gesetz, erklärt aber darüber hinaus leitsatzmäßig, daß ein Teilamortisationsvertrag, dessen Restwert „nicht realistisch, sondern willkürlich kalkuliert ist", eine „gefährliche Vertragsgestaltung" zum Gegenstand hat – ein Gesichtspunkt, der freilich nicht sehr überzeugend ist, sofern keine Ansatzpunkte für eine Kontrolle gemäß § 138 BGB ins Feld geführt werden.

Nur scheinbar weicht die neueste Entscheidung des OLG Karlsruhe[90]) von diesen Tendenzen ab. Im Leitsatz heißt es:

„Eine Regelung zur Absicherung des Restwerts in einem Leasingvertrag nach dem Teilamortisationsmodell stellt auch dann, wenn sie nicht individuell vereinbart ist und sich nicht auf der Vorderseite des Formulars befindet, nicht ohne weiteres eine überraschende Klausel im Sinn von § 3 AGB-Gesetz dar."

Begründet wird diese – nicht unbedingt einschränkend zu verstehende – Interpretation des OLG Karlsruhe damit, daß in dem Leasingvertrag – auf der Vorderseite – verankert war, daß sich beide Parteien „darüber einig sind, daß die Mietzahlungen eine Teilamortisation darstellen", so daß dann – bezogen auf ein dem Leasinggeber zustehendes Andienungsrecht – eine entsprechende Klausel in den Leasing-AGB zum Zuge kam. Deshalb heißt es in der Begründung auch:

> „Aus der Ausweisung eines Restwertes und dem Hinweis auf die Teilamortisation jeweils auf der Vorderseite des Formulars kann der Leasingnehmer entnehmen, daß hinsichtlich des Restwerts eine Regelung getroffen werden muß, die er auf der Rückseite des Formulars ohne Schwierigkeiten findet"[91]).

b) Die Sanktionswirkung fehlender Transparenz – die BGH-Judikatur

Es ist von hoher Wichtigkeit anzumerken, daß die fehlende Transparenz der **garantiemäßig abzusichernden Vollamortisationspflicht** des Leasingnehmers nach der Auffassung des OLG Oldenburg[92]) zu dem Resultat führt, daß unmittelbar § 6 Abs. 2 AGB-Gesetz gilt – mit der Folge, daß die Entgeltspflicht des Leasingnehmers auf die während der Grundmietzeit gezahlten Leasingraten beschränkt bleibt. Demgegenüber geht das LG Frankfurt[93]) – dogmatisch gewertet – den allein richtigen Weg: Gerade der Teilamortisationsvertrag entspricht nicht dem dispositiven Recht, sondern ist eine an das Steuerrecht angelehnte Vertragsschöpfung der modernen Wirtschaftspraxis. Aus diesem Grund ist eine nach § 6 Abs. 2 AGB-Gesetz vorzunehmende Lückenfüllung durch das dispositive Recht nicht interessengerecht. Vielmehr ist in erster Linie auf das Instrumentarium der ergänzenden Vertragsauslegung gemäß §§ 133, 157 BGB zurückzugreifen[94]). Freilich setzt dies voraus, daß ausreichende Indizien in dem jeweiligen Individualvertrag verankert sind, aus denen Material für die ergänzende Vertragsauslegung hergeleitet werden kann[95]).

Demgegenüber ist freilich zu unterstreichen, daß die BGH-Judikatur die Vollamortisationspflicht des Leasingnehmers als „leasingtypisch" bezeichnet[96]) und ihn als „immanent" charakterisiert hat[97]). Im Urteil vom 15. 10. 1986[98]) ist der BGH sogar soweit gegangen, den Vollamortisationsanspruch des Leasinggebers zu bejahen, obwohl die Absicherung des Restwertes – kraft ausdrücklicher Parteivereinbarung – nicht Sache des Leasingnehmers war. Wie an anderer Stelle ausführlich dargelegt[99]), zwingt jedoch eine Gesamtschau aller einschlägigen BGH-Urteile keineswegs dazu, die Vollamortisationspflicht des Leasingnehmers auch in den Fällen als gegeben anzusehen, in denen sie nicht wirksam – also: auch transparent – vereinbart ist. Gerade wenn man von den steuerlichen Prärogativen des erlaßkonformen Leasing ausgeht, muß der Gedanke Beachtung finden, daß Teilamortisationsverträge – wie dargelegt – eine **doppelstufige** Entgeltspflicht des Leasingnehmers vorsehen, nämlich: Zum einen die während der Grundmietzeit zu zahlenden Leasingraten, zum anderen die in verschiedenen Ausgestaltungen mögliche – garantiemäßige – Absicherung des Restwerts des Leasingguts. Diese aber ist – trotz der steuerrechtlichen Dominanz – zivilrechtlich keineswegs vorgegeben, sondern setzt ihrerseits, wie der BGH in anderem Zusammenhang zutreffend ausgeführt hat[100]), eine „entsprechende zivilrechtliche Ausgestaltung" voraus.

Nur diese Sicht der Dinge entspricht auch der Erkenntnis, daß es ja der Leasinggeber ist, der das typische „Verwenderrisiko" trägt: Er hat es in der Hand, durch eine wirksame – transparente – Vertragsgestaltung seinen Vollamortisationsanspruch garantiemäßig abzusichern, so daß der Leasingnehmer exakt klar weiß, welche Gesamtbelastungen auf ihn aufgrund des Leasingvertrages zukommen. Falls jedoch der Leasinggeber nicht den Geboten transparenter Vertragsgestaltung genügt, so ist für den Leasingnehmer – auch unter Berücksichtigung der aufgezeigten BGH-Judikatur – keineswegs der Weg versperrt, mangels ausreichender Indizien für eine ergänzende Vertragsauslegung gemäß §§ 133, 157 BGB das Resultat heraufzubeschwören, daß sich die Entgeltspflicht des Leasingnehmers auf die während der Grundmietzeit gezahlten Leasingraten beschränkt[101]).

2. Ordentliche Kündigung – Vollamortisationspflicht des Leasingnehmers

Auf das Vertragsmodell mit Mehrerlösbeteiligung des Leasingnehmers entfallen ca. 35% des gesamten Pkw-Leasingvolumens; das Vertragsmodell auf Basis der „Kilometer-Gesamtfahrleistung" macht etwa 20% aus, während der Teilamortisationsvertrag mit Einschluß von Teil- oder Full-Service-Leistungen sich bei einem Anteil von ca. 35% bewegt; der Rest entfällt auf Vollamortisationsverträge[102]). Unter dieser Voraussetzung ergeben sich einige Fragen betreffend die Kündigung, die näher vertieft werden sollen.

a) Beim Vertrag mit Absicherung des „Restwerts" durch den Leasingnehmer

Unter Berücksichtigung der bereits dargestellten erforderlichen Transparenz der Vertragsgestaltung gilt der Grundsatz: Die Vollamortisationspflicht des Leasingnehmers erfaßt auch den von ihm garantiemäßig abgesicherten „Restwert", und zwar in der Größe, wie er kalkulatorisch ermittelt wurde. Es ist nicht sachgerecht, den im jeweiligen Leasingvertrag ausgewiesenen „Restwert" gleichzusetzen mit dem entsprechenden „Verkehrswert" des Leasingguts, weil der garantiemäßig abgesicherte „Restwert" nicht notwendigerweise dem Verkehrswert des Pkw nach Ablauf der Grundmietzeit entsprechen muß: Sonderzahlungen, monatlich zu entrichtende Leasingraten sowie der vom Leasingnehmer garantierte „Restwert" sind – zusammengenommen – die Basis der Kalkulation des Leasinggebers und machen seinen Vollamortisationsanspruch aus[103]): Demzufolge ist – streng genommen – in diesen Fällen auch nicht erforderlich, daß der Leasinggeber ein Sachverständigengutachten einholt, um die Höhe der vom Leasinggeber garantiemäßig abgesicherten Restwertzahlungen zu begründen. Umgekehrt steht natürlich dem Leasingnehmer auch nicht das Recht zu, die Höhe des Restwertes – außer der Parameter des § 138 BGB – zur Überprüfung zu stellen.

Mit Recht hat der BGH[104]) den Leasinggeber an der ursprünglich gewählten Vertragskalkulation – auch für den Fall der Beendigung der Grundmietzeit – festgehalten. Dies ist deswegen bedeutsam[105]), weil viele Leasing-AGB[106]) vorsehen, daß der Leasinggeber berechtigt ist, im Fall der ordentlichen Beendigung des Leasingvertrages die Abrechnungsmodalitäten zu ändern, indem dann die Aufwendungen des Leasinggebers seinen Erträgen gegenübergestellt werden. Erträge sind dabei – wie aus den Leasing-AGB zu entnehmen[107]) – die vom Leasingnehmer gezahlten Leasingraten sowie der Gebrauchtwagenverkaufserlös. Indessen ist es völlig berechtigt, daß der BGH – schon wegen der fehlenden Transparenz – eine Änderung der Abrechnungsmodalität wegen Verstoßes gegen § 9 Abs. 1 AGB-Gesetz verwirft. Denn im Ergebnis zielt diese Klausel darauf ab, den Leasingnehmer mit dem Risiko der Restwertgarantie nachträglich zu belasten[108]).

b) Bei Verträgen mit Absicherung des „Restwerts" durch den Leasingnehmer

Bei allen Teilamortisationsmodellen, in denen der Leasingnehmer garantiemäßig den „Restwert" absichert, kommt es entscheidend darauf an, die Abrechnungsmodalitäten transparent auszugestalten.

Notwendigerweise hat dabei der vom Leasinggeber erzielte **Verkaufserlös** dominante Funktionen. Soweit ein Sachverständigengutachten als Berechnungsbasis herangezogen wird, muß sichergestellt werden, daß es sich um einen unabhängigen, neutralen und ausreichend kompetenten Sachverständigen handelt[109]). Fehlt eine dieser Voraussetzungen[110]), so scheitert eine solche Schiedsgutachterklausel an § 9 Abs. 1 AGB-Gesetz, weil sie den Leasingnehmer unangemessen benachteiligt, ist doch die Barriere der offensichtlichen Unrichtigkeit eines Schiedsgutachtens im Sinn von § 319 BGB zu hoch[111]), um eine unangemessene Benachteiligung des Leasingnehmers von vornherein auszuschalten.

Daß der Leasinggeber im übrigen verpflichtet ist, für eine optimale Verwertung des Leasingguts Sorge zu tragen, liegt auf der Hand, weil nur so die legitimen Belange des Leasingnehmers ausreichend geschützt werden können: Jede Verschlechterung des Verkaufsergebnisses hat ja unmittelbar zur Konsequenz, daß die Vollamortisationspflicht des Leasingnehmers entsprechend gesteigert wird.

Soweit ein Teilamortisationsvertrag in der Form des kündbaren Vertrags mit Abschlußzahlung des Leasingnehmers vorgesehen ist, sind für die Berechnungen des Vollamortisationsanspruchs des Leasinggebers noch zusätzliche Erwägungen maßgebend[112]). Ohne hier in Einzelheiten eintreten zu können, sei folgendes angemerkt:

Die Vereinbarung einer Abschlußzahlung, welche auf die Restamortisation zielt, ist grundsätzlich nicht zu beanstanden, weil und soweit sie der Vollamortisationspflicht des Leasingnehmers – transparente Vertragsgestaltung vorausgesetzt – entspricht. Daß nur 90 % des Verwertungserlöses auf diese Vollamortisationspflicht zur Anrechnung gebracht werden, ergibt sich unmittelbar aus den Prärogativen des Teilamortisationserlasses vom 22. 12. 1975[113]). Sofern eine wirksame zivilrechtliche Vertragsgestaltung gewählt ist, bestehen auch hiergegen keine durchgreifenden Bedenken; insbesondere sind Argumente aus der richterlichen Inhaltskontrolle gemäß § 9 AGB-Gesetz versperrt, weil es sich um die Entgeltspflicht des Leasingnehmers handelt, die ihrerseits nach § 8 AGB-Gesetz kontrollfest ist[114]).

Freilich ist der Restamortisationsanspruch des Leasinggebers – wie der BGH mit Recht festgestellt hat[115]) – abzuzinsen; denn die Abzinsung dient dazu, den durch den vorzeitigen Rückfluß des Kapitals entstehenden Vorteil auszugleichen, „weil der Leasinggeber zwar keinen ungerechtfertigten Nachteil erleiden, gegenüber der vollständigen Vertragsdurchführung aber auch nicht besser gestellt werden soll"[116]). Demzufolge muß der Abzinsungssatz dem Refinanzierungszinssatz entsprechen, wie er im Zeitpunkt des Vertragsabschlusses zu zahlen war[117]).

Insbesondere – und dies ist von entscheidender Bedeutung – steht dem Leasinggeber nur der Gewinn zu, der bis zur Kündigung des Leasingvertrages angefallen war. Dies ist die zwingende Konsequenz der Einsicht, daß der Leasingvertrag als Folge der Kündigung in ein Abwicklungsschuldverhältnis umgestaltet wird[118]). Dieses aber rechtfertigt – für den Zeitraum nach der Kündigung – keinen zusätzlichen Geschäftsgewinn[119]). Dies ist auch deswegen zutreffend, weil ja der Leasinggeber durch eine optimale Verwertung des Leasingguts seinerseits den Geschäftsgewinn realisiert, der in dem jeweiligen Verkehrswert/Zeitwert des Leasingguts verkörpert ist, so daß dem Leasinggeber – entsprechend den Prämissen des Teilamortisationserlasses vom 22. 12. 1975[120]) – die Chance der Wertsteigerung verbleibt.

Demgegenüber sind alle Aufwendungen des Leasinggebers, die mit dem Leasinggut zusammenhängen, in Abzug zu bringen[121]). Im Ergebnis darf nämlich der Leasinggeber nicht bessergestellt werden als er bei kündigungsfreiem Ablauf des Vertrages stehen würde.

III. Zusammenfassung

Die mit Gewährleistung und ordentlicher Kündigung des Leasingvertrages zusammenhängenden Rechtsfragen sind in der BGH-Judikatur weitestgehend geklärt. Freilich verbleiben – wie stets – Randbezirke; diese weiter auszufüllen ist Aufgabe künftiger Präjudizien. Denn alles in allem darf man feststellen und unterstreichen: Die Rechtsfortbildung durch den BGH im Bereich des Leasing ist ein geglückter Fall des „judge-made-law".

Fußnoten:
1) BGH, WM 1985 S. 1447; BGH, WM 1986 S. 591, 592
2) BGH, WM 1985 S. 1447, 1448; BGH, WM 1981 S. 1219, 1220
3) BGH, WM 1985 S. 1447, 1448
4) BGH, WM 1985 S. 1447, 1448; BGH, WM 1981 S. 1219, 1220
5) Hierzu im einzelnen Graf von Westphalen, Der Leasingvertrag, 3. Aufl., Rdnr. 124 ff.
6) Hierzu Ulmer/Brandner/Hensen, AGBG, 5. Aufl., § 2 Rdnrn. 23 ff.
7) Wolf/Horn/Lindacher, AGBG, § 2 Rdnr. 12
8) BGH, ZIP 1986 S. 1126
9) Ulmer/Brandner/Hensen, AGBG, § 2 Rdnrn. 45 ff.
10) Hierzu Reinking/Eggert, Der Autokauf, 3. Aufl., Rdnr. 7
11) Hierzu BGH, ZIP 1987 S. 1187
12) Staudinger/Schlosser, AGBG, § 2 Rdnr. 11; Wolf/Horn/Lindacher, AGBG, § 2 Rdnr. 41; Ulmer/Brandner/Hensen, AGBG, § 2 Rdnr. 59
13) Graf von Westphalen, Der Leasingvertrag, Rdnr. 126
14) BGH, WM 1985 S. 906, 909

15) Vgl. Wolf/Horn/Lindacher, AGBG, § 2 Rdnr. 12; Palandt/Heinrichs, AGBG, § 2 Anm. 4a; Erman/H. Hefermehl, § 2 Rdnr. 20; vgl. auch Ulmer/Brandner/Hensen, AGBG, § 2 Rdnr. 31
16) BGHZ 18 S. 212, 216; BGHZ 61 S. 287
17) Weitergehend Ulmer/Brandner/Hensen, AGBG, § 2 Rdnr. 31
18) Vgl. BGH, WM 1985 S. 906
19) Hierzu im einzelnen Reinking/Eggert, Der Autokauf, 3. Aufl., Rdnrn. 334 ff.; Creutzig, Das Recht des Autokaufs, Bd. 1, 1980, S. 162 ff.
20) Reinking/Eggert, aaO, Rdnrn. 334 ff.
21) BGH, WM 1981 S. 1219; BGH WM 1984 S. 1089; BGH WM 1985 S. 226; BGH WM 1986 S. 591
22) BGH, WM 1986 S. 591
23) Löwe/Graf von Westphalen/Trinkner, Großkommentar, § 11 Nr. 10b Rdnrn. 12f.; Ulmer/Brandner/Hensen, § 11 Nr. 10b Rdnr. 44
24) Löwe/Graf von Westphalen/Trinkner, Großkommentar, § 11 Nr. 10b Rdnr. 13
25) Reinking/Eggert, aaO, Rdnr. 358
26) Löwe/Graf von Westphalen/Trinkner, aaO; Reinking/Eggert, aaO
27) Reinking/Eggert, aaO, Rdnr. 361
28) OLG Nürnberg, DAR 1980 S. 345; OLG Nürnberg, BB 1983 S. 212; OLG Hamm, DAR 1985 S. 380; Löwe/Graf von Westphalen/Trinkner, aaO, § 11 Nr. 10 Rdnr. 9; Reinking/Eggert, aaO, Rdnr. 362; a. M. OLG Frankfurt, AGBE I § 11 Nr. 97 – drei Mangelbeseitigungsversuche
29) Löwe/Graf von Westphalen/Trinkner, aaO, § 11 Nr. 10b Rdnr. 18f.; Staudinger/Schlosser, AGBG, § 11 Nr. 10 Rdnr. 51
30) Vgl. BGH, WM 1986 S. 673
31) BGH, WM 1977 S. 447, 449; BGH, WM 1981 S. 1219, 1221; BGH, WM 1985 S. 226, 227; BGH, WM 1985, S. 573, 574
32) BGH, WM 1981 S. 1219, 1221
33) BGH, WM 1985 S. 226
34) BGH, WM 1986 S. 591
35) BGH, WM 1981 S. 1219, 1221
36) BGH, WM 1985 S. 573, 574
37) BGH, WM 1985 S. 573
38) BGH, WM 1981 S. 1219, 1220; vgl. auch BGH, WM 1985 S. 573, 574
39) Vgl. BGH, WM 1985 S. 573, 574
40) BGH, ZIP 1987 S. 1187
41) BGH, WM 1981 S. 1219, 1221
42) WM 1985 S. 1447
43) BGH, WM 1984 S. 933
44) Hierzu Graf von Westphalen, aaO, Rdnr. 295
45) BGH, WM 1981 S. 1219, 1220
46) BGH, WM 1985 S. 1447, 1448
47) Graf von Westphalen, aaO, Rdnrn. 295f.
48) Im einzelnen Graf von Westphalen, aaO, Rdnrn. 293 ff.
49) BGH, WM 1984 S. 1089, 1091
50) BGH, aaO
51) OLG Hamm, ZIP 1983 S. 1094; LG Hannover, DB 1981 S. 1684
52) WM 1986 S. 274
53) Vgl. Graf von Westphalen, aaO, Rdnrn. 310 ff.; Reinicke/Tiedtke, DB 1986 S. 575 ff.; Bernstein, DB 1985 . 2501
54) BGH, WM 1981 S. 37; BGH, WM 1981 S. 592; BGH, WM 1983 S. 1391; BGH, WM 1985 S. 917; BGH, NJW 1986 S. 1927; OLG Hamm, MDR 1984 S. 53; OLG Frankfurt, MDR 1984 S. 228; OLG München, NJW-RR 1986 S. 604; OLG Köln, ZIP 1987 S. 379; Bader, NJW 1976 S. 209 ff.; Reinel, NJW 1980 S. 1610
55) Reinking/Eggert, aaO, Rdnr. 295 ff.
56) Hierzu im einzelnen auch Graf von Westphalen, NJW 1980 S. 2227 ff.
57) WM 1984 S. 1089
58) Vgl. BGH, WM 1981 S. 1219; BGH, WM 1985 S. 1447
59) Hierzu im einzelnen Graf von Westphalen, Der Leasingvertrag, 2. Aufl., Rdnrn. 33 ff.
60) LG Berlin, DB 1982 S. 2452
61) Graf von Westphalen, Der Leasingvertrag, 2. Aufl., Rdnr. 576; Ulmer/Schmidt, DB 1983 S. 2615, 2616f.; vgl. auch Graf von Westphalen, WM 1980 S. 942 ff.
62) OLG Frankfurt, WM 1982 S. 723
63) BGH, WM 1985 S. 906, 909; BGH, WM 1986 S. 458, 460
64) BGH, WM 1986 S. 458, 460
65) Graf von Westphalen, Der Leasingvertrag, 3. Aufl., Rdnrn. 513 ff.
66) BGH, WM 1987 S. 38; BGH, WM 1985 S. 906; BGH, WM 1985 S. 1447, 1448
67) Im einzelnen Graf von Westphalen, Der Leasingvertrag, 3. Aufl., Rdnrn. 314 ff.
68) WM 1986 S. 274
69) Graf von Westphalen, aaO, Rdnr. 321
70) OLG Frankfurt, WM 1982 S. 723; LG Frankfurt, BB 1985 S. 757
71) WM 1984 S. 1089

Gewährleistungshaftung und ordentliche Vertragsbeendigung beim Pkw-Leasing

72) Vgl. Graf von Westphalen, Der Leasingvertrag, 3. Aufl., Rdnrn. 507 ff.
73) BB 1976 S. 62
74) BGH, WM 1981 S. 1378; BGH, WM 1982 S. 7; BGH, WM 1982 S. 666; BGH, WM 1985 S. 860; BGH, WM 1986 S. 458; BGH, WM 1986 S. 673
75) Im einzelnen Graf von Westphalen, aaO, Rdnrn. 95 ff.
76) BB 1976 S. 62
77) BGH, WM 1985 S. 1447, 1448
78) Graf von Westphalen, aaO, Rdnrn. 96 ff.
79) LG Frankfurt, NJW-RR 1986 S. 148; OLG Karlsruhe, NJW-RR 1986 S. 1112; OLG Oldenburg, NJW-RR 1987 S. 1003; OLG Karlsruhe, NJW-RR 1987 S. 1006
80) NJW-RR 1986 S. 148, 149
81) S. 149; unter Berufung auf Graf von Westphalen, Der Leasingvertrag, 2. Aufl., Rdnrn. 98, 182, 459, 460, 475)
82) aaO
83) NJW-RR 1987 S. 1003, 1005
84) S. 105
85) NJW-RR 1987 S. 1003, 1005
86) S. 1005
87) NJW-RR 1986 S. 1112
88) S. 1113
89) NJW-RR 1986 S. 1112
90) NJW-RR 1987 S. 1006
91) S. 1006
92) NJW-RR 1987 S. 1003, 1006
93) NJW-RR 1986 S. 148, 149
94) Hierzu im einzelnen auch Graf von Westphalen, Der Leasingvertrag, Rdnrn. 383 ff.
95) LG Frankfurt, NJW-RR 1986 S. 148, 149; sehr weitgehend OLG Karlsruhe, NJW-RR 1986 S. 1112, 1114
96) BGH, WM 1985 S. 860, 864
97) BGH, aaO
98) WM 1987 S. 38
99) Graf von Westphalen, aaO, Rdnrn. 383 ff.
100) BGH, WM 1985 S. 860, 863
101) Vgl. auch Graf von Westphalen, DAR 1984 S. 337 ff.
102) Reuss/Ziegler, in: Hagenmüller/Stoppock, Leasing-Handbuch, S. 101 ff.
103) A. M. OLG Karlsruhe, NJW-RR 1986 S. 1112
104) BGH, WM 1987 S. 38, 40
105) Vgl. auch Graf von Westphalen, Der Leasingvertrag, 3. Aufl., Rdnr. 521
106) Vgl. auch LG Frankfurt, NJW-RR 1986 S. 148
107) Vgl. auch Stolterfoht, in: Münchener Vertragshandbuch, Bd. 2, Form. III 3 Anm. 64
108) Im einzelnen Graf von Westphalen, aaO, Rdnrn. 521 f.
109) Graf von Westphalen, aaO, Rdnr. 525
110) BGH, ZIP 1983 S. 825
111) BGHZ 43 S. 374, 376; BGH, WM 1976 S. 269, 270
112) Im einzelnen Graf von Westphalen, aaO, Rdnrn. 393 ff.
113) BB 1976 S. 62
114) Vgl. auch Lieb, DB 1986 S. 2167 ff.
115) BGH, WM 1986 S. 480, 483
116) BGH, aaO
117) Graf von Westphalen, aaO, Rdnr. 419
118) BGH, WM 1985 S. 860, 863
119) BGH, WM 1986 S. 673, 675; im einzelnen Graf von Westphalen, aaO, Rdnr. 424
120) BB 1976 S. 62
121) Graf von Westphalen, aaO, Rdnr. 423

Der Kfz-Leasing-Vertrag –
Seine Entstehung und seine Ausgestaltung

Dietrich Paul, Leiter der Rechtsabteilung, Braunschweig

Im deutschen Sprachgebrauch hat sich Leasing allgemein eingebürgert, ohne daß es zu einer klaren Abgrenzung des Begriffs gekommen ist. Entsprechendes gilt für den Kfz-Leasing-Vertrag.

Die einzelnen Anbieter haben in der Vergangenheit von der durch das Bürgerliche Gesetzbuch garantierten Privatautonomie reichlich Gebrauch gemacht, und ein jeder hat eine Mehrzahl von Leasing-Verträgen geschaffen. Trotz dieser Tatsache habe ich den Mut, Ihnen heute im Rahmen dieser Vortragsreihe den Kfz-Leasing-Vertrag vorzustellen. Einen Entwurf einheitlicher AGB finden Sie als Anlage. Es handelt sich hierbei um den Entwurf einer unverbindlichen Konditionenempfehlung für das Leasing von Neufahrzeugen zur privaten Nutzung des Verbandes der Automobilindustrie. Sie soll sich an die Mitgliedsfirmen richten, soweit diese oder die mit ihnen verbundenen Gesellschaften das Leasing-Geschäft betreiben. Der Verband hat den Entwurf maßgeblichen Verbraucherverbänden in der Bundesrepublik zur Stellungnahme zugeleitet. Leider haben jedoch noch nicht alle geantwortet.

Ihnen „den" Kfz-Leasing-Vertrag in seinen Grundzügen vorzustellen, wird nur gelingen, wenn ich spezifische Eigenheiten der Anbieter, die in Randbereichen immer zu unterschiedlichen Angebotsausgestaltungen führen werden, außer Betracht lasse und Ihnen darüber hinaus einige Varianten des Kfz-Leasing-Vertrages vorstelle. Ich unternehme dieses Unterfangen, weil es in der Vergangenheit eine Reihe von Faktoren gegeben hat, die zu einer Vereinheitlichung im Kfz-Leasing-Markt führten. Um Sie nicht zu sehr zu ermüden, sehe ich davon ab, Ihnen die Abschnitte des Entwurfs der Reihe nach zu kommentieren, sondern werde auf die wichtigsten im Rahmen der Vorstellung der Faktoren eingehen.

Im einzelnen sind dies:

1. **Die steuerlichen Erlasse**
2. **Die gemeinsamen finanzmathematischen Grundlagen**
3. **Die Kundenbedürfnisse**
4. **Das Selbstverständnis der Anbieter**

5. Die Rechtsprechung des BGH
und schließlich
6. Gesellschaftspolitische Einflüsse.

1. Die steuerlichen Erlasse

a) Vollamortisationserlaß

aa) Vertragsdauer

Der klassische Kunde ist und bleibt trotz des in letzter Zeit sprunghaft gestiegenen Interesses Privater der Gewerbetreibende. Seine berechtigte Erwartungshaltung ist darauf gerichtet, daß der Leasing-Vertrag nicht steuerschädlich ist. Das heißt, der Leasing-Vertrag muß durch den Leasinggeber so ausgestaltet sein, daß der Leasinggeber wirtschaftlicher Eigentümer im Sinne der steuerrechtlichen Betrachtung ist. Denn nur dann braucht der gewerbliche Kunde das Fahrzeug nicht zu aktivieren und kann die Leasingrate bei ausschließlicher betrieblicher Nutzung in voller Höhe als Betriebsausgaben steuermindernd absetzen. Die wichtigsten Eckdaten dafür lieferte der Leasing-Erlaß vom 19. 4. 1971 betreffend das Finanzierungsleasing[1].

In diesem Zusammenhang ist darauf hinzuweisen, daß Finanzierungsleasing im Sinne dieses Erlasses für Vollamortisationsleasing steht. Das heißt, der Leasingnehmer muß mit den in der Grundvertragszeit zu entrichtenden Raten mindestens die Anschaffungskosten sowie alle Nebenkosten einschließlich der Finanzierungskosten des Leasinggebers abdecken.

Am bleibendsten hat der vorgenannte Erlaß die Länge der angebotenen Leasingverträge bestimmt.

Alle Leasing-Verträge richten sich in ihrer maximalen Länge nach der im Erlaß festgelegten Obergrenze von 90 % der betriebsgewöhnlichen Nutzungsdauer. Diese wird aus Vereinfachungsgründen der amtlichen Afa-Tabelle entnommen. Damit vermeidet der Leasinggeber, daß er die betriebsgewöhnliche Nutzungsdauer des Wirtschaftsgutes aufgrund individueller Voraussetzungen festzulegen und später gegenüber der Finanzverwaltung zu verantworten hat.

Die betriebsgewöhnliche Nutzungsdauer von Fahrzeugen ist in der amtlichen Afa-Tabelle mit 48 Monaten angegeben. Demgemäß könnte die maximale Vertragsdauer eines Kfz-Leasingvertrages 43 Monate betragen. In der Branche üblich sind 42 Monate, da dieses genau 3 ½ Jahren entspricht.

Die in oben genanntem Erlaß festgelegte Mindestgrundvertragszeit von 40 % gilt von der Ratio dieser Vorschrift nur für Vollamortisationsverträge und ist auf die im Automobilleasing fast nur noch angebotenen Teilamortisationsverträge nicht ohne weiteres übertragbar.

Denn Sinn der Abgrenzung war zu verhindern, daß gegenüber der dem Käufer nur möglichen Absetzung für Abnutzung nach der betriebsgewöhnlichen Nutzungsdauer keine übermäßigen Absetzungsmöglichkeiten entstehen. Diese wären z. B. gegeben, wenn ein Fahrzeug über einen Zeitraum von nur einem Jahr oder 6 Monaten bis auf Null voll über die Leasingraten wieder amortisiert würde. Denn dadurch würden exorbitant hohe Leasingraten entstehen. Eine solche Verhaltensweise wäre nur dann auf seiten des Leasingnehmers verständlich, wenn er sich im Wege der Nebenabrede versprechen läßt, daß er das solchermaßen vollamortisierte Fahrzeug, das begreiflicherweise noch einen hohen Zeitwert hat, zu einer Anerkennungsgebühr vom Leasinggeber über einen Dritten erwerben kann.

Ein solcher Gefälligkeitsverkauf ist z. B. bei einem Teilamortisationsvertrag nicht ohne weiteres möglich, weil ein Teilamortisationsvertrag auch auf die Vollamortisation zielt, die Intension des Leasinggebers jedoch darauf, diese Vollamortisation durch die Verwertung des Fahrzeuges nach Ablauf der Vertragszeit möglichst zum angesetzten Restwert zu erreichen. Ein Gefälligkeitsverkauf des Leasinggebers an einen dritten Strohmann auf Wunsch des Leasingnehmers wird daher unwahrscheinlicher.

bb) Ausschluß der Erwerbsmöglichkeit

Der in Kfz-Leasingverträgen regelmäßig zu findende Ausschluß der Erwerbsmöglichkeit des Fahrzeuges nach Vertragsabschluß hat schon weit vor der später einsetzenden Diskussion um die Anwendbarkeit des Abzahlungsgesetzes auf Leasingverträge seine Ursachen in dem oben genannten Leasing-Erlaß.

In diesem Erlaß ist zwar ein Leasingvertrag mit einer Kaufoption zugelassen. Auch ist der aufgrund der eingeräumten Kaufoption vorgenommene Verkauf des Leasinggutes an den Leasingnehmer zum Buchwert laut amtlicher Afa-Tabelle statthaft. Doch handelt sich ein Leasinggeber, der regelmäßig an seine Kunden die Fahrzeuge zu diesem Buchwert verkauft, den Vorwurf der Finanzverwaltung ein, daß in Wahrheit der unbedingte Eigentumserwerb von vornherein mit seinen Kunden ausgemacht und beschlossene Sache gewesen sei.

b) Teilamortisationserlaß

Einen vergleichsweise größeren Einfluß auf heutige Kfz-Leasingverträge hat der Teilamortisationserlaß vom 22. 12. 1975[2]). Diesem Erlaß ging voraus eine Anfrage des deutschen Leasingverbandes.

Allen drei vom Leasingverband nachgefragten Modellen waren folgende Prämissen gemeinsam:

1. Die unkündbare Grundvertragszeit beträgt mehr als 40 %, jedoch nicht mehr als 90 % der betriebsgewöhnlichen Nutzungsdauer, und

2. die Anschaffungskosten sowie alle Nebenkosten einschließlich der Finanzierungskosten des Leasinggebers werden in der Grundvertragszeit durch die Leasingraten nur zum Teil abgedeckt.

Nachgefragt wurden drei verschiedene Modelle

Modell A

Das Vertragsmodell mit Andienungsrecht des Leasinggebers

Modell B

Das Vertragsmodell mit Aufteilung des Mehrerlöses

Modell C

Der kündbare Vertrag mit Anrechnung des Veräußerungserlöses auf die vom Leasingnehmer zu leistende Schlußzahlung.

In die Kfz-Leasing-Praxis hat von den 3 vorerwähnten Modellen in nennenswertem Umfang nur das Vertragsmodell mit Aufteilung des Mehrerlöses Einigung gefunden. Dort wird er kurz mit Open-End-Vertrag oder deutsch als Vertrag mit Gebrauchtwagenabrechnung bezeichnet im Gegensatz zum – nicht begutachteten – Vertrag mit Kilometerabrechnung (sogenannter Closed-End-Vertrag). Nur diese beiden Vertragsformen haben wirklich Marktbedeutung gewonnen.

Der vorgenannten deutschen Terminologie bedient sich der Entwurf der Konditionenempfehlung des Verbandes der Automobilindustrie.

Festzuhalten ist, daß der Teilamortisationserlaß von 1975 nur eine Antwort gibt auf drei unter ganz bestimmten Prämissen nachgefragte Vertragsmodelle. Die Zurechnung erfolgte nach dem Wortlaut des Erlasses gemäß den allgemeinen Grundsätzen:

Welche sind das?

Wo stammen sie her?

Und wo sind sie festgelegt?

Entwickelt wurden die Grundsätze vom Bundesfinanzhof im Urteil vom 26. Januar 1970[3]). Gesetzliche Grundlage zur Beurteilung von Leasingverträgen ist heute § 39 der Abgabenordnung von 1977. § 39 Abs. 1 postuliert den Grundsatz: Wirtschaftsgüter sind dem Eigentümer zuzurechnen. Absatz 2 die Ausnahme, abweichend von Abs. 1 gelten die folgenden Vorschriften:

Übt ein anderer als der Eigentümer die tatsächliche Herrschaft über ein Wirtschaftsgut in der Weise aus, daß er den Eigentümer im Regelfall für die gewöhnliche Nutzungsdauer von der Einwirkung auf das Leasinggut wirtschaftlich ausschließen kann, so ist ihm das Wirtschaftsgut zuzurechnen.

Diese Formulierung geht zurück auf das vorerwähnte BFH-Urteil, das eine Zurechnung des Wirtschaftsgutes bei einem vom zivilrechtlichen Eigentümer verschiedenen Dritten dann vornehmen wollte, wenn dieser im Regelfall, d. h. in dem für die Situation typischen Fall den rechtlichen Eigentümer für dauernd von der Einwirkung auf das Wirtschaftsgut wirtschaftlich ausschließen kann, so daß ein Herausgabeanspruch des Eigentümers keine wirtschaftliche Bedeutung mehr hat. Nach der Festlegung der Finanzverwaltung hat der Herausgabeanspruch des Eigentümers nach Vertragsende dann noch eine wirtschaftliche Bedeutung, wenn die Beteiligung des Leasinggebers an der Chance der Wertsteigerung noch wirtschaftlich ins Gewicht fällt.

In dem vorerwähnten Teilamortisations-Leasing-Erlaß ist eine ins Gewicht fallende Beteiligung des Leasinggebers nur dann anzunehmen, wenn er beim Vertragsmodell B mindestens 25 % des die Restamortisation übersteigenden Teils des Veräußerungserlöses erhält. Bei Vertragsmodell C – kündbarer Vertrag – der Leasinggeber mit 10 % am Veräußerungserlös beteiligt wird.

Dies bedarf der Erläuterung:

Verkauft der Leasinggeber das Fahrzeug zu 11 000 DM, der kalkulierte Restwert beträgt 10 000 DM, dann übersteigt der Veräußerungserlös nach Vertragsmodell B die Restamortisation um 1000 DM. Davon muß der Leasinggeber aus steuerlichen Gründen 250 DM einbehalten und kann nur 750 DM auszahlen.

Bei Vertragsmodell C müßte der Leasinggeber mindestens 1100 DM einbehalten. Auch bei einer vorzeitigen Beendigung des Leasingvertrages ist nach Auffassung von Herrn Ministerialrat Dr. Runge vom Bundesfinanzministerium in Bonn – dem Vater der Leasing-Erlasse – eine Beteiligung des Leasinggebers an der Chance einer eventuellen Wertsteigerung erforderlich (geäußert auf dem 25. Deutschen Verkehrsgerichtstag am 24. 1. 1987 in Goslar im Arbeitskreis III). Diese könnte in Analogie zum Vertragsmodell C entweder in einer 10%igen Beteiligung des Leasinggebers am Veräußerungserlös bestehen oder aber in einer 25%igen Beteiligung am Überschuß gegenüber dem Restbuchwert (im Erlaß Restamortisation genannt).

Der Restbuchwert ist der aufgrund des Tilgungsverlaufes nach der Annuitätsrechnung ermittelte Buchwert des Leasingfahrzeuges im Zeitpunkt der vorzeitigen Vertragsbeendigung. Es handelt sich also hier um einen betriebswirtschaftlichen Buchwert und um keinen steuerlichen.

Zu erklären bleibt, warum der Kfz-Leasingvertrag für den Privatmann in seiner wesentlichen Ausgestaltung von dem Vertrag für gewerbliche Kunden nicht abweicht.

Ein Unbefangener könnte doch meinen, daß die Fragestellung, wer denn wirtschaftlicher Eigentümer des Fahrzeuges ist, für den Privatmann belanglos sei, weil er ohnehin kein Buchwerk besitzt, auch die Leasingraten deshalb nicht als Betriebsausgaben geltend machen kann und für ihn das Leasingfahrzeug steuerlich nur bei Fahrten von und zur Arbeitsstätte im Rahmen von Werbungskosten relevant wird. Dann jedoch im gleichen Umfang wie ein gekauftes Fahrzeug.

Der Einfluß der Erlasse erfolgt für die privaten Leasingnehmer nur mittelbar, und zwar über die Umsatzsteuer.

Müßte man nämlich aufgrund der Erlaßkriterien das Leasinggeschäft als Kaufgeschäft werten, dann hätte der Leasinggeber die Umsatzsteuer auf alle Zahlungsverpflichtungen des Leasingnehmers unabhängig von ihrer Fälligkeit einen Monat nach Vertragsabschluß an das Finanzamt abzuführen, während ihm die Mehrwertsteuer über die Leasingraten nur pro rata temporis wieder zufließt. Den Zinsverlust vermeidet der Leasinggeber durch erlaßkonforme Vertragsgestaltung, und darüber hinaus ist die Gefahr der Diskriminierung einer Kundengruppierung abgewendet, die jeder unterschiedlichen Vertragsgestaltung immanent ist.

2. Die gemeinsamen finanzmathematischen Grundlagen

Bereits im vorhergehenden Abschnitt ist angeklungen, daß dem Leasinggeschäft einheitliche finanzmathematische Gesetzmäßigkeiten zugrunde liegen. Diese sollen in vereinfachter Form dargestellt werden.

Beim Finanzierungsleasing kauft der Leasinggeber anstelle des Leasingnehmers das durch diesen ausgesuchte Fahrzeug, wobei in der Regel der Leasingnehmer die Verhandlungen mit dem Verkäufer geführt hat und die Anschaffungskosten des Leasinggebers festgeschrieben hat. Das Interesse des Leasinggebers besteht darin, diese Anschaffungskosten nebst seinen Verwaltungskosten und einem angemessenen Unternehmergewinn wieder zurückzuerhalten. Bei den Kosten des Leasingnehmers handelt es sich um seine Verwaltungs- und Gemeinkosten sowie um seine Refinanzierungskosten, das heißt um diejenigen Zinsen, die er für das aufgenommene Kapital zu entrichten hat. Denn die Eigenmittel des Leasinggebers reichen dazu in keinem einzigen mir bekannten Fall aus.

Bei durchschnittlichen Kosten eines Fahrzeuges von 20 000 DM ist schon bei 100 Fahrzeugen ein Kapital von 2 Mio. DM erforderlich. Bei der von mir vertretenen Gesellschaft sind gegenwärtig mehr als 220 000 Fahrzeuge im Anlagevermögen.

Das eingesetzte Kapital für ein Fahrzeug soll nun über die Leasingraten und den Gebrauchtwagenverkaufserlös wieder vollständig amortisiert werden zzgl. der Zinsen für dieses Kapital. Die Gemeinkosten und den Unternehmergewinn erhält die Leasing-Gesellschaft dadurch, daß sie den Refinanzierungszins um einige Punkte erhöht.

Bei über 700 Leasing-Gesellschaften in der Bundesrepublik findet ein lebhafter Wettbewerb untereinander statt. Darüber hinaus findet in Randbereichen noch eine gewisse Konkurrenz zu Finanzierungsangeboten statt. Diese Faktoren werden in der Zukunft die Marge der Leasing-Gesellschaften, die ohnedies relativ schmal war, noch weiter einengen. In letzter Zeit sind sogar Konkurse einiger regionaler Auto-Leasing-Anbieter bekanntgeworden, die sich auf das besonders schwierige Großkundengeschäft konzentriert hatten. Übrig bleiben werden nur relativ große Anbieter, die aufgrund ihrer Refinanzierungsvoraussetzungen als Kreditnehmer erste Adressen darstellen.

Die Amortisation des Kapitaleinsatzes erfolgt abgesehen vom einmaligen Verkaufserlös zum Vertragsende über periodische Zahlungen. Dabei herrschen die gleichen Gesetzmäßigkeiten wie bei einem Tilgungsdarlehen, das heißt die in den Zahlungen zu den unterschiedlichen Terminen enthaltenen Zins- und Tilgungsanteile verlaufen degressiv bzw. progressiv. Zu Beginn der Vertragszeit ist der Zinsanteil in der Leasingrate prozentual gesehen recht hoch, der Tilgungsanteil vergleichsweise niedrig, die Amortisation des eingesetzten Kapitals mithin nur gering.

Ganz entgegengesetzt verläuft die Zeitwertkurve des Fahrzeuges. Es ist eine bekannte Tatsache, daß ein Fahrzeug kurz nach der Zulassung am meisten an Wert verliert. Diese Gesetzmäßigkeit machen sich einige Fahrzeughändler zunutze, indem sie Neufahrzeuge kurzfristig zulassen und dann als gebrauchte Vorführwagen mit einem sonst nicht zulässigen Rabatt veräußern.

Aus dem Umstand, daß der Leasingnehmer eine gleichbleibende Leasingrate wünscht, jedoch aufgrund der vorerwähnten Tilgungsverlaufskurve zunächst ein überproportionaler Zinsanfall entsteht, ist zu Beginn eines Leasingvertrages zwischen der Buch- und Zeitwertkurve ein großer Unterschied. Dieser gelangt erst zum vereinbarten Vertragsende annähernd zur Deckung. Ob er genau zur Deckung kommt, zeigt eigentlich erst der sich anschließende Verkaufserlös.

Damit der Kunde keine unliebsamen Überraschungen in Form von Nachzahlungen zwischen dem kalkulierten Restwert und dem tatsächlichen Verkaufserlös erlebt, empfehlen Fachleute von vornherein den Abschluß eines Leasingvertrages, bei dem der Leasinggeber das Risiko des Verwertungserlöses trägt. Immerhin werden ⅔ der Kfz-Leasingverträge unseres Hauses mit dieser Vertragsform abgeschlossen.

Ein Instrumentarium, die Buchwertkurve mit der Zeitwertkurve des Leasingfahrzeuges annähernd zur Deckung zu bringen, ist die besonders im Privat-Leasinggeschäft übliche Sonderzahlung. Betriebswirtschaftlich wird die Sonderzahlung bei den meisten Leasinggebern als sofortiger Tilgungsbetrag in voller Höhe von den Anschaffungskosten abgesetzt. Dadurch wird natürlich der über die Leasingraten zu tilgende Anteil der Anschaffungskosten erheblich abgesenkt und kann zu den aus Werbeangeboten bekannten Leasingraten von 99 DM für Kleinfahrzeuge führen.

Daraus wird die Interdepenz von Sonderzahlung und Leasingrate deutlich. Weiterhin wird klar, daß es irreführend ist, wenn in Leasingangeboten die Leasingrate ohne eine optisch gleich groß gestaltete Sonderzahlung ausgeworfen wird.

Bei einem vorzeitigen Abbruch des Leasingvertrages aufgrund von Zahlungsverzug kann meist auch ein solcher Vertrag noch ohne Nachbelastung für den Leasingnehmer abgerechnet werden.

3. Die Kundenbedürfnisse

a) Geringere monatliche Belastung

Aufgrund der Tatsache, daß im Kfz-Leasing fast nur noch Teilamortisationsverträge angeboten werden, das heißt ein Teil des vom Leasinggeber eingesetzten Kapitals über den Verkauf des Fahrzeuges zum Vertragsende wieder amortisiert wird, führt die monatliche Belastung in Form von Leasingraten gegenüber einer Vollfinanzierung, bei der das gesamte Anschaffungsdarlehen amortisiert werden muß, zu geringeren monatlichen Belastungen.

b) Kapitalfreisetzung oder Erweiterung des Kreditrahmens

Gegenüber einer Barzahlung setzt der Leasingnehmer Kapital frei. Er kann sich also noch etwas anderes leisten, und zwar wird der gewerbliche Kunde in seinen Betrieb investieren und die Leasingraten für das Fahrzeug aus seinen ihm zufließenden Unternehmenserlösen bezahlen (Schlagwort = pay as you earn). Darüber hinaus verhilft ihm Leasing durch den vorerwähnten Kapitalfreisetzungseffekt möglicherweise zu einer Kapazitätserweiterung und/oder einer Erweiterung seines Kreditrahmens bzw. Schonung seiner Kreditlinie. Der Kapitalfreisetzungseffekt wird beim sogenannten sale and lease back-Vertrag besonders plastisch sichtbar. Dieser Vertrag funktioniert wie folgt:

Der Leasingnehmer verkauft sein Eigentumsfahrzeug (meist sogar seine gesamte Fahrzeugflotte) an den Leasinggeber und erhält den Kaufpreis ausgezahlt. Gleichwohl nutzt er dieses Fahrzeug auf der Grundlage eines Leasingvertrages weiter, der als Anschaffungskosten den vorerwähnten Kaufpreis ausweist.

Diese Effekte treten jedoch gerade erst beim Teilamortisationsvertrag besonders zutage. Denn dem spitz rechnenden Kaufmann leuchtet es nicht ein, warum er ein Wirtschaftsgut voll bezahlen soll, wenn er sich doch nur den Nutzungswert während eines bestimmten Zeitabschnittes zueignen wollte. Die Vollamortisation muß ihm demgegenüber wie Zwangssparen ohne Zinsertrag erscheinen. Denn das für die Amortisation des Gebrauchtwagens eingezahlte Geld bekommt er erst durch die Veräußerung des Fahrzeuges (die zudem ihm noch obliegt) wieder heraus. Um hier den Kfz-Leasing-Anbietern Konkurrenz zu machen, hat das Kreditgewerbe die Ballonrate erfunden. Das heißt, der Darlehensvertrag ist so ausgestaltet, daß die letzte Rate dem erwarteten Verkaufserlös entspricht.

c) Keine Gebrauchtwagenvermarktungsprobleme

Gegenüber einem solchen Angebot bleibt immerhin noch der spezifische Leasingvorteil, daß das Vermarktungsrisiko auf den Leasinggeber transponiert werden kann. Der Leasinggeber seinerseits sichert bei dieser Vertragsform (closed-end-Vertrag) gewöhnlich sein übernommenes Verwertungsrisiko durch sogenannte buy-back-Verträge ab. D. h. er läßt sich, meist vom Lieferanten, den Ankauf des Gebrauchten zum Restwert zusichern.

Der Umstand, daß überhaupt über einen Zeitraum von maximal 42 Monaten hinweg zumindest von Fachleuten der Marktwert eines Fahrzeuges einigermaßen treffend eingeschätzt werden kann und dieser bereit ist, gemäß seiner Schätzung bindende Verpflichtungen einzugehen, begründet meiner Meinung erst die von mir vorgenommene Differenzierung des Kfz-Leasingvertrages gegenüber anderen Leasingverträgen.

In diesem Zusammenhang ist der Hinweis angebracht, daß die Vermarktungsmöglichkeit des gebrauchten Fahrzeuges aufgrund eines intakten Second-Hand-Marktes dem Teilamortisationsvertrag zu seinem Siegeszug verholfen und das Automobil in diesem Jahr an die Spitze der Leasinggüter noch vor die EDV-Mobilien geschoben hat.

d) Die Dienstleistungseinschlußmöglichkeit

Gerade im gewerblichen Bereich ist der Teil- oder Full-Service-Vertrag aufgrund spezifischer Kundenbedürfnisse entstanden.

Das Interesse von Flottenbenutzern ist es, möglichst mit einer festen monatlichen Belastung alle Kosten rund um das Auto abzudecken. Das schafft Verwaltungsvereinfachung und Kostentransparenz.

Beim Dienstleistungsleasing-Vertrag handelt es sich jedoch nicht um einen von den Ihnen vorgestellten Vertragsformen (closed-end- und open-end-Vertrag) abweichende dritte Vertragsart, sondern diese Nebenleistungen kann der Leasingnehmer sozusagen ganz nach seiner Wahl draufsatteln, natürlich gegen entsprechendes Aufgeld.

Der Ihnen vorliegende Entwurf ist ein reiner Finanzierungsleasing-Vertrag, obwohl gerade ein Dienstleistungsleasing-Vertrag für das Kfz-Leasing typisch ist.

Der Grund liegt darin, daß sich die Empfehlung auf das Kfz-Leasing für Private bezieht; für den Privatmann jedoch nicht jede angebotene Dienstleistung interessant ist. So liegen die durchschnittlichen Fahrleistungen eines Privatmannes jährlich unter 15 000 Kilometern. Dies führt bei einem 3-Jahresvertrag zu einer Gesamtkilometerleistung von 45 000. Die Übernahme der Kosten für Wartung und Verschleißreparaturen gegen einen festen Monatsbetrag ist angesichts der werksseitig gebotenen Garantie und Kulanz einerseits und der Erweiterung der Wartungsintervalle andererseits bei diesem Kilometerstand für den Privatmann kein ernstzunehmendes Angebot.

Ganz anders sieht dieses jedoch aus, wenn jährliche Fahrleistungen von 30 000 Kilometern im Jahr für Außendienstfahrzeuge vereinbart werden. Sich den einmaligen, meist plötzlich auftretenden Kosten von 10 000 DM für einen verschlissenen Motor durch Zahlung von regelmäßigen geringen Zuschlagssätzen zur Leasingrate zu entziehen, macht Sinn für einen Fuhrparkbesitzer. Neben Kostentransparenz trägt diese Dienstleistung dann auch noch zum Risk-Management des Unternehmens bei.

Aus dem gleichen Grunde ist für den Privatmann die Kostenübernahme für Reifenersatz uninteressant. Ebenso versteht sich von selbst, daß die Dienstleistung Zahlung der Rundfunkgebühren mangels Zahlungsverpflichtung eines Privaten nur für den Kaufmann interessant ist. Denn der Private nutzt das Autoradio in der Regel als Zweitgerät.

Die Dienstleistung Betriebskostenabrechnung und -Analyse lebt von einem Quervergleich mehrerer Fahrzeuge im Verbrauch. Diese Dienstleistung wird grundsätzlich nur von Flotteninhabern nachgefragt.

Als Dienstleistungen für den Privatmann verbleiben daher der Einschluß von Kraftfahrzeugversicherungen, die Durchführung des Schadensservices und die Unfallkostenverauslagung, Verauslagung der Kfz-Steuer, der Einschluß einer Verkehrsrechtsschutzversicherung und eventuell der Erwerb eines Schutzbriefes über den Leasinggeber.

4. Das Selbstverständnis der Anbieter

Die Anbieter von Kfz-Leasingverträgen kann man grob in zwei Gruppen einteilen. Anbieter, deren Interesse sich ausschließlich auf die Finanzierung des Wirtschaftsgutes Fahrzeug beschränkt. Denen ist im Grunde der Vertragsgegenstand vollkommen gleichgültig. Das Interesse ist auf einen hohen Vertragswert gerichtet, nicht aber auf eine spezifische Marke. Die anderen Leasing-Anbieter wollen zugleich mit der Finanzierung eines Fahrzeuges den Absatz einer speziellen Marke fördern. Denn die Statistik zeigt, daß ein zufriedener Leasingkunde bei der Marke und beim Leasinggeber bleibt (Abonnementscharakter des Leasing) und daß gegenüber einem Eigentumsfahrzeug aufgrund der steuerlich nur zulässigen Länge der Leasing-Verträge eine kürzere Behaltedauer im Leasing gegeben ist. Die durchschnittliche Vertragsdauer liegt bei rund 30 Monaten.

Bei letzteren Anbietern wird häufig von Hersteller- oder Händler-Leasing gesprochen, obwohl ich weder im finanzmathematischen noch im juristischen eine Differenzierung ausmachen kann.

Es ist für den Verbraucher auch völlig gleichgültig, wie sich die Kapitalverhältnisse beim Leasinggeber gestalten und welche Ziele der Leasinggeber mit seinem Angebot verfolgt. Die rechtliche Stellung des Leasingnehmers demgemäß danach zu differenzieren, ob der Leasinggeber mit der Finanzierung auch noch ein Absatzinteresse verfolgt, ist vom BGH deshalb auch völlig zu Recht verworfen worden[4]).

Leasinganbieter, die zugleich den Absatz fördern wollen, haben ein Interesse daran, daß der Kfz-Leasingvertrag weitestgehend den Verkaufsbedingungen für ein Neufahrzeug angepaßt ist, soweit dieses sich mit dem Charakter eines Dauerschuldverhältnisses verträgt. Für sie sind Verkauf und Leasing zwei grundsätzlich gleichberechtigte Wege des Fahrzeugabsatzes, auch wenn die Stückzahlen heute noch differieren.

Daraus folgt für die Vertragsgestaltung:

Der Leasingnehmer ist wie der Käufer Halter des Fahrzeuges (Abschnitt VIII 4). Ihn treffen alle Sorgfalts- und Instandhaltungsverpflichtungen (Abschnitt IX und XII). Er hat hinsichtlich Lieferung und Abnahme die gleichen Rechte wie ein Neuwagenkäufer (Abschnitt VI und VII) und schließlich stehen ihm die Gewährleistungsansprüche eines Autokäufers durch Abtretung im gleichen Umfange zur Verfügung (Abschnitt XIII 1).

Das Selbstverständnis der Leasinganbieter ist davon geprägt, daß sie ihren Kunden ein vom Mietvertrag des Bürgerlichen Gesetzbuches abweichendes Vertragsangebot unterbreiten. Demgemäß bemühen sich alle Anbieter, die Rechtsbeziehungen der Parteien untereinander in der Vertragsurkunde umfassend und ausschließlich zu normieren. Dies gilt zumindest für alle praxisrelevanten Sachverhalte, soweit sie in der Vergangenheit mehrfach aufgetreten sind.

Zum typischen Kfz-Leasingvertrag gehört daher eine erste Seite. Darauf sind die Individualvereinbarungen festgelegt, die weiteren Seiten beinhalten die allgemeinen Geschäftsbedingungen. Dabei soll nicht unterschlagen werden, daß auch auf der ersten Seite Allgemeine Geschäftsbedingungen im Sinne des Gesetzes zu finden sind. Nach dem Selbstverständnis der Branche sind Kfz-Leasingverträge Dauerschuldverhältnisse, die neben überwiegenden mietvertraglichen Elementen kaufrechtliche und Finanzierungskomponenten enthalten, was die Vertragsgestaltung insbesondere durch die Überwälzung der Sach- und Preisgefahr auf den Leasingnehmer berücksichtigt. Kurz gesagt, ein eigenständiges Rechtsinstitut zwischen Kauf und BGB-Miete, so wie es der BGH in seiner Entscheidung vom 31. 3. 1982 mit dem Leitbild des Leasing-Vertrages anklingen läßt [5]).

5. Die Rechtsprechung des BGH

An einer dogmatischen Fixierung des Rechtsinstitutes ist die Branche jedoch nur insofern interessiert, als sich daraus bestimmte Rechtsfolgen für sie ergeben. Mit der vom BGH gefundenen Formulierung „abweichend vom normalen Mietverhältnis"[6]) hat die Branche jedoch zumindest ihren Frieden gemacht, weil der entscheidende Grund für die Differenzierung gegenüber der BGB-Miete durch die Rechtsprechung des BGH zum Ausgleichsanspruch seine Dringlichkeit verloren hat. Bei der Einstufung des Leasingvertrages als Mietvertrag bestand nämlich bei vorzeitigem Abbruch eines solchen Vertrages die Gefahr, daß die bis zu diesem Zeitpunkt gezahlten Leasingraten als ausreichendes Äquivalent für die Nutzung angesehen werden konnten und für die aufgrund der verkürzten Vertragsdauer auftretende Minderamortisation die BGB-Miete keine Anspruchsgrundlage zur Verfügung stellte.

Vordergründig hat die Entscheidung des BGH vom 8. 10. 1975[7]) die Leasingverträge dadurch am stärksten beeinflußt, daß sich die Nomenklatur weg von mietrechtlichen Begriffen hin zu Leasing verändert hat.

Auslöser war die Bemerkung, daß in dem zu entscheidenden Fall die Vertragspartner durch die Formulierung des Vertragstextes eindeutig zu verstehen gegeben haben, daß sie den Vertrag als Mietvertrag in dem vom Gesetzgeber vorgegebenen Sinne verstanden wissen wollen. Zwischenzeitlich haben sich die Begriffe Leasinggeber und Leasingnehmer, Leasingrate und Leasingfahrzeug einigermaßen durchgesetzt. Ja sogar das Verb „verleasen" hielt Einzug in den deutschen Sprachgebrauch, wenn auch noch nicht in die Vertragsurkunden. Persönlich habe ich noch etwas Schwierigkeiten mit der Leasingdauer als dem Zeitraum, in dem das Fahrzeug genutzt werden soll. Dieses Urteil hat darüber hinaus die in Kfz-Leasingverträgen übliche Formulierung entweder gestützt oder erst geschaffen, daß ein Eigentumserwerb des Leasingnehmers vom Leasinggeber nicht möglich ist. Sie geht zurück auf eine Bemerkung in diesem Urteil, daß sich die Nichtigkeit des Vertrages nicht aus § 6 in Verbindung mit § 1 a Abzahlungsgesetz herleiten lasse, weil im zu begutachtenden Fall die Möglichkeit eines Eigentumserwerbes durch die Beklagte gerade nicht vorgesehen sei.

Durch den Ausschluß der Kaufmöglichkeit soll

- der Kfz-Leasingvertrag sich gegenüber anderen Instituten wie Mietkauf absetzen,
- klargestellt werden, daß eine Nutzungsüberlassung Vertragsgegenstand ist
- und schließlich der Absatzweg Leasing nicht durch einen Gebrauchtwagenverkauf verschüttet werden.

Materiell hat der BGH jedoch noch stärker in den Kfz-Leasingvertrag eingegriffen durch seine Entscheidungen zur Schadensberechnung bei fristloser Kündigung eines Leasingvertrages[8]) und daran anknüpfend zum Ausgleichsanspruch bei Kündigung des Leasingnehmers[9]). Bis zu diesem Zeitpunkt wurden von vielen Anbietern für den Fall fristloser Kündigung, aber auch bei sonstigen vorzeitigen Vertragsbeendigungen die noch ausstehenden Zahlungsverpflichtungen des Leasingnehmers sofort fälliggestellt, ohne daß eine Zinsgutschrift für den vorfristig zurückfließenden Kapitaleinsatz aufgemacht worden wäre und auch sonstige schadensmindernde Faktoren wie z. B. ein möglicher Überschuß des Gebrauchtwagenerlöses über dem vorzitierten Restbuchwert Berücksichtigung gefunden hätte.

Heute sind solche unwirksamen Klauseln bei den maßgeblichen Anbietern vollständig verschwunden und dennoch ist in bezug auf die Gestaltung einer Abrechnungsklausel eine gewisse Ratlosigkeit der Leasinggeber nicht von der Hand zu weisen. Diese resultiert aus dem Urteil des BGH vom 19. 3. 1986[10]). Dort hat der BGH unter Festigung seiner Rechtsprechung zum Ausgleichsanspruch bei vorzeitiger Kündigung durch den Leasingnehmer gefordert, daß zu dessen Gunsten bestimmte Kalkulationsposten in Ansatz gebracht werden müßten. Es handelt sich dabei um Kosten- und Zinseinsparungen des Leasinggebers für die Zeit nach Beendigung dieses Vertrages. Sie auf den Einzelvertrag zu berechnen und sprachlich im vorhinein transparent genug zu gestalten, überfordert die Branche. Um diesen Vortrag nicht zu überfrachten, sei auf den Aufsatz des Geschäftsführers des Deutschen Leasing-Verbandes, Herrn Dr. Eckstein, verwiesen[11]), ferner auf einen Aufsatz von Herrn Professor Manfred Lieb[12]). Ganz abgesehen davon, daß mit Vollziehung der BGH-Forderungen eine für viele als unzumutbar empfundene Nabelschau verbunden wäre.

In dem Ihnen vorliegenden Text finden Sie den Abschnitt „Abrechnung nach Kündigung" unausgestaltet. Dies hat seinen Grund jedoch nicht so sehr in dem vorerwähnten Umstand, sondern in § 38 Abs. 2 Nr. 3 i. V. m. § 2 Abs. 1 Satz 2 GWB. Danach dürfen Preise und Preisbestandteile nicht Gegenstand einer Konditionenempfehlung sein. Die Abrechnungsklausel hat jedoch eindeutig Preischarakter. Denn nach dem BGH muß der Ausgleichsanspruch zumindest 90 % des Gebrauchtwagenverkaufserlöses berücksichtigen. Aus steuerlicher Sicht kann der Leasinggeber seine wirtschaftliche Eigentümerstellung aber auch dadurch dokumentieren, daß er zunächst zu 100 % den Gebrauchtwagenerlös in Ansatz bringt und sich nur für den Fall, daß dadurch statt einer Nachforderung eine Überamortisation entsteht, daran eine Beteiligung von 25 % einräumt.

Daß dieses zu unterschiedlichen wirtschaftlichen Ergebnissen führt, habe ich bereits ausgeführt.

Hilfe erwartet sich die Branche auch von unserem höchsten Zivilgericht bei der Fragestellung nach der Abrechnung bei einem aufgrund von Produktmängeln gescheiterten Leasingvertrag. Klar ist nun, daß bei Wandlung des dem Leasingvertrag zugrunde liegenden Kaufvertrages auch der Leasingvertrag ex tunc in sich zusammenbricht mit der Folge, daß die gewährten Leistungen wieder zurückgegeben werden müssen, da ihnen die Rechtsgrundlage fehlt. Der BGH hat die Abwicklung mit einem obiter dictum dahingehend abgetan, daß der Ausgleich sich nach den Regeln des Bereicherungsrechts angemessen herbeiführen lasse[13]). In dem bereits erwähnten Urteil vom 19. 3. 1986 stellt der BGH fest, worin denn die empfangene Leistung des Leasingnehmers besteht.

Zitat Anfang: „Die Vertragsleistung des Leasinggebers besteht leasingtypisch in der zeitweiligen Gebrauchsüberlassung eines Sachgutes und – wirtschaftlich gesehen – in der Bereitstellung des dafür erforderlichen Kapitals auf Zeit."[14])

Genau an dieser Rechtsprechung hat sich der Ihnen vorliegende Entwurf in Abschnitt XIII 5 ausgerichtet. Diese Bereicherung jedoch im konkreten Fall zu berechnen, muß der Auseinandersetzung in jedem einzelnen Falle überlassen bleiben. Eine vollständige Übertragung der kaufrechtlichen Rechtsprechung scheitert schon daran, daß, wie zuvor festgestellt, die empfangene Leistung des Leasingnehmers sich auf mehr erstreckt als nur die zeitweilige Gebrauchsüberlassung eines Sachgutes.

Mit den angerissenen Themen ist der Einfluß unseres höchsten Zivilgerichtes nicht erschöpfend dargestellt, jedoch wurden die wesentlichen Urteile angesprochen. Nicht kommentiert, aber darum nicht weniger wichtig für die Branche waren die BGH-Urteile zur Halterhaftung und zur Verjährung von Ausgleichsansprüchen, obgleich sie nicht zu einer Änderung der Allgemeinen Geschäftsbedingungen führten.

6. Die gesellschaftspolitischen Einflüsse

Bei dem Kfz-Leasingvertrag handelt es sich wie bei allen Leasingverträgen um ein selbstgeschaffenes Recht der Wirtschaft. Der Dialog mit dem Verbraucher findet über den Markt statt. Auch die Kritiker der Branche werden dieser nicht absprechen können, daß es bislang den Anbietern gelungen ist, die Bedürfnisse der Kundschaft zu antizipieren und in ein akzeptables Angebot umzusetzen. Die jährlich steigenden Stückzahlen belegen dies. Gleichwohl hat die Presse in jüngster Zeit mit Kritik nicht zurückgehalten. Angriffspunkte waren neben dem unausräumbaren Vorurteil, Leasing sei zu teuer, angebliche Mißstände beim Kleingedruckten.

Sieht man sich diese angeblichen Mißstände genauer an, so finden diese sich in den allgemeinen Geschäftsbedingungen maßgeblicher Leasinganbieter überhaupt nicht (z. B. das fristlose Kündigungsrecht beim Zahlungsverzug von nur einer Leasingrate), oder aber diese Mißstände stellen die Auferlegung einer Verpflichtung dar, der sich jeder vernünftig handelnde Neuwagenkäufer aus Gründen der Risikovorsorge freiwillig unterwirft z. B. der Absicherung des Kaskorisikos durch Abschluß einer entsprechenden Versicherung.

Wer natürlich mit einem falschen Vorverständnis an das Fahrzeugleasing herangeht und dieses von vornherein für eine neue Erwerbsvariante hält, dem wird der Ausschluß der Erwerbsmöglichkeit durch den Leasingnehmer ein Ärgernis im Kleingedruckten sein. Hier ist noch viel Aufklärungsarbeit zu leisten. Diese wird zunichte gemacht durch Anbieter, die, aus welchen Gründen auch immer, eindeutige Mietkaufangebote unter der falschen Bezeichnung Leasing im Markt ausloben. Vielleicht, um den vergeblichen Versuch zu unternehmen, den strengen Anforderungen des Abzahlungsgesetzes zu entgehen.

Über alledem soll nicht verschwiegen werden, daß es tatsächlich in der Vergangenheit zumeist kleinere Anbieter gegeben hat, die ihre Allgemeinen Geschäftsbedingungen nach dem Gesichtspunkt ausgestaltet hatten, alle Rechte beim Leasinggeber, alle Pflichten beim Leasingnehmer. Die Kritik im Kleingedruckten verstärkte sich um so mehr, je erfolgreicher die Branche im privaten Geschäft wurde. Kritik am System insgesamt und am Institut trifft, wenn diese zu einer anderweitigen Orientierung der Kundschaft führt, den Marktführer und die wesentlichen Anbieter am meisten, die möglichen Verursacher einer solchen Kritik am geringsten. Dieses führte bei den den inländischen Herstellern nahestehenden Leasing-Gesellschaften, die einen maßgeblichen Marktanteil im Kfz-Leasing haben, zu folgender Überlegung:

Entweder man verhält sich passiv mit der Folge, daß der Schrei nach dem Gesetzgeber wegen der angeblichen Mißstände lauter werden würde, oder aber es wird der schweißtreibende Versuch unternommen, eine weitestgehende Angleichung der Allgemeinen Geschäftsbedingungen herbeizuführen und diesen mit maßgeblichen Verbraucherverbänden abzustimmen. Ein solcher Weg kann in der Bundesrepublik nur legal über eine Konditionenempfehlung als Schlußpunkt einer Abstimmung und Angleichung durchgeführt werden. Der zuletzt aufgezeigte Weg wurde eingeschlagen. Die Schwierigkeiten auf diesem Wege lagen in folgendem:

Erstens haben die Kfz-Leasinganbieter in der Bundesrepublik keinen gemeinsamen Dachverband. Die Gründung eines solchen Verbandes nur zu diesem Zwecke wurde abgelehnt, weil dieses zu einer Polarisierung innerhalb der Kraftfahrzeugleasingbranche führen würde, denn maßgebliche Anbieter sind auch zugleich Mitglied des Deutschen Leasing-Verbandes. Aus dieser Schwierigkeit heraus besann man sich, daß die maßgeblichen Kfz-Leasinganbietern verbundenen Hersteller in einem einheitlichen Verband organisiert sind. Aus diesem Grunde läuft die Ihnen vorliegende Konditionenempfehlung über den Verband der Automobilindustrie. Dieser verfügt darüber hinaus durch die Anmeldung von Konditionenempfehlungen – genannt seien beispielhaft die Neuwagenverkaufsbedingungen – über entsprechende Erfahrungen.

Die zweite Schwierigkeit lag darin, daß man sich auf eine einheitliche Terminologie einigen mußte. So wurde zum Beispiel über die Überschrift des Abschnitts VII einen halben Tag lang diskutiert. Sollte es dort nun Abnahme oder Übernahme heißen.

Die dritte Schwierigkeit lag darin, daß grundsätzlich zwei Varianten des Zustandekommens eines Leasingvertrages denkbar sind. Bei der ersten Variante schließt der künftige Leasingnehmer mit dem Lieferanten einen Kaufvertrag über das nachfolgende Leasingfahrzeug nach seinen individuellen Wünschen ab. Als Nebenabrede wird dann vereinbart, daß eine Leasinggesellschaft X berechtigt sein soll, in diesen Kaufvertrag einzutreten und anstelle des Leasingnehmers den Kaufvertrag zu erfüllen. Daneben oder später wird ein Leasingvertrag über das gleiche Fahrzeug abgeschlossen (Eintrittsmodell).

Bei der zweiten Variante wird der Leasingvertrag ohne den förmlichen Abschluß eines solchen Kaufvertrages abgeschlossen. Die Spezifizierung des Fahrzeuges erfolgt ebenso wie die Festlegung der wesentlichen Vertragsdaten auf der ersten Seite des Leasingvertrages.

Der Ihnen vorliegende Entwurf Allgemeiner Geschäftsbedingungen geht von der zweiten Variante aus. Technisch wurde in der Weise vorgegangen, daß unter der Vorlage der alten Allgemeinen Geschäftsbedingungen der von mir vertretenen Gesellschaft solange diskutiert wurde, bis ein einheitlicher Rohentwurf nach Gliederung und Inhalt vorlag. Dieser Rohentwurf ist sodann in mehreren Abstimmungsgesprächen mit dem ADAC in wesentlichen Punkten neu gegliedert worden und hat inhaltlich seine jetzige Fassung erhalten.

Es soll nicht verhehlt werden, daß es gleichwohl immer noch ein Entwurf des VDA ist und daß auf seiten des ADAC noch der eine oder andere Wunsch für den Verbraucher nicht erfüllt werden konnte.

So hätte beispielsweise der ADAC es begrüßt, wenn die Anbieter den Schadensservice und die Verauslagung unfallbedingter Reparaturkosten für alle Leasingnehmer, die dies wünschen, kostenlos übernommen hätte und dieses nicht einem besonderen Zusatzangebot vorbehalten geblieben wäre. Doch die daraus sich ergebende Zins- und Verwaltungskostenbelastung für die Leasinganbieter, die sich dem Entwurf verpflichtet fühlen, war im Rahmen allgemeiner Kostenkalkulationen nicht abzufangen. So ist es im Regelfall Aufgabe des Leasingnehmers, einen Unfall abzuwickeln. Seine Verpflichtung, im Fall eines Teilschadens das Fahrzeug unverzüglich reparieren zu lassen, ist Ausdruck seiner allgemeinen Sorgfaltspflicht. Darüber hinaus ist er aufgrund von Abtretungen ermächtigt, alle fahrzeugbezogenen Ansprüche aus einem Schadensfall im eigenen Namen geltend zu machen (Abschnitt X 4). Damit wurde dem Streit aus dem Wege gegangen, ob der Leasingnehmer aufgrund der Verletzung seines Besitzrechtes oder wegen seines Haftungsschadens eigene Ansprüche gegen den Schädiger hat, die möglicherweise in Idealkonkurrenz zu denen des Eigentümers stehen. In jedem Fall ist der Leasingnehmer ausreichend aktiv legitimiert. Beim Teilschaden hat er erlangte Beträge zur Reparatur zu verwenden, beim Vollschaden diese dem Leasinggeber zur Abrechnung zur Verfügung zu stellen. Denn beim Vollschaden wird es durch das doppelte Kündigungsrecht (Abschnitt X 6) in jedem Fall zur Beendigung und Abrechnung des Leasingvertrages kommen. Insofern ist das BMW-Urteil des BGH schon voll in den Entwurf eingeflossen[15]).

Einig war man sich im Kreise der Entwurfsverfasser darüber, daß die Entschädigungsleistung im Rahmen der Abrechnung Berücksichtigung finden muß. Die gleichwohl zu konstatierende Abstinenz einer solchen Abrechnungsklausel im Entwurf habe ich bereits früher erklärt.

Zusammenfassung:

Der typische Kfz-Leasingvertrag ist ein Teilamortisationsvertrag. Von den beiden am Markt üblichen Vertragsformen ist der Vertrag mit Kilometerabrechnung am spezifischsten. Weiteres Charakteristikum des Kraftfahrzeug-Leasingvertrages sind die Wahlmöglichkeiten von Service-Leistungen zu dem reinen Finanz-Leasingvertrag.

Ausblick

Es bleibt zu hoffen, daß der Ihnen vorliegende Entwurf seine letzten Hürden im Anmeldungsverfahren nehmen wird, auch wenn er sich dabei noch substantiell geringfügig ändern könnte. Ich bin sicher, daß er über die unmittelbar beteiligten Anbieter hinaus Breitenwirkung erzielen wird, damit man künftig in Urteilen deutscher Zivilgerichte nicht mehr die Formulierung findet:

Bei einem Leasingvertrag handele es sich bereits nach seinem typischen Regelungsgehalt um einen für den Leasingnehmer eigentlich nachteiligen Vertrag[16]).

Sondern statt dessen:

Der Kfz-Leasingvertrag ist ein Musterbeispiel dafür, wie ohne die regulierende Hand des Staates durch Zusammenwirken von Wirtschaft, Rechtsprechung und Verbrauchern ein ausgewogenes neues Rechtsinstitut seinen Platz in der Vertragslandschaft gefunden hat.

Fußnoten:

1) BB 1971, Seite 506
2) BB 1976, Seite 76
3) BFH – IV R 144/66 BStBl. II 1970, Seite 264 ff.
4) NJW 1986, Seite 1336 und 1337; BGH BB 1987, Seite 151; ebenso jetzt Graf von Westphalen, Der Leasingvertrag, 3. Aufl., Seite 350
5) BGH WM 1982, Seite 666; s. auch Bernstein, Der Tatbestand des Mobilien-Finanzierungs-Leasingvertrages und seine rechtliche Einordnung als Vertrag „sui generis" (Diss. Frankfurt 1983, Seite 149)
6) BGH BB 1987, Seite 151
7) BGH NJW 1977, Seite 195 ff. (S. 196)
8) BGH NJW 1985, Seite 2253
9) BGH BB 1986, Seite 693 (694); BGH BB 1986, Seite 1112 ff.
10) BGH, aaO, Seite 1114
11) Eckstein, Zur Anwendbarkeit des AGB-Gesetzes auf kündbare Leasingverträge, BB 1986, Seite 2144 ff.
12) Lieb, Zur Inhaltskontrolle von Teilamortisations-Leasingverträgen, DB 1986, Seite 2167 ff.
13) BGH NJW 1985, Seite 797
14) BGH BB 1986, Seite 1114
15) BGH NJW 1987, Seite 377 ff.
16) LG Hagen, NJW-RR 1987, Seite 1144

Entwurf einer beabsichtigten Konditionenempfehlung der VDA

Der Verband der Automobilindustrie e. V. (VDA) empfiehlt seinen Mitgliedern, soweit sie oder mit ihnen verbundene Gesellschaften das Leasinggeschäft betreiben, die nachstehenden Geschäftsbedingungen zur Verwendung gegenüber den privaten Leasingnehmern.

Unverbindliche Empfehlung

des VDA von Allgemeinen Geschäftsbedingungen für das Leasing von Neufahrzeugen zur privaten Nutzung.

I. Vertragsabschluß

1. Der Leasingnehmer ist an seinen Leasingantrag vier Wochen und bei Nutzfahrzeugen sechs Wochen gebunden. Der Leasingvertrag ist abgeschlossen, wenn der Leasinggeber innerhalb dieser Frist die Annahme des Antrags schriftlich bestätigt.

2. Sämtliche Vereinbarungen sind schriftlich niederzulegen. Dies gilt auch für Nebenabreden und Zusicherungen sowie für nachträgliche Vertragsänderungen.

II. Leasinggegenstand

1. Konstruktions- oder Formänderungen des Leasinggegenstandes – nachstehend Fahrzeug genannt –, Abweichungen im Farbton sowie Änderungen des Lieferumfanges seitens des Herstellers bleiben während der Lieferzeit vorbehalten, sofern das Fahrzeug nicht erheblich geändert wird und die Änderungen für den Leasingnehmer zumutbar sind.

2. Angaben in bei Vertragsabschluß gültigen Beschreibungen des Herstellers über Lieferumfang, Aussehen, Leistungen, Maße und Gewichte, Betriebsstoffverbrauch, Betriebskosten usw. des Fahrzeuges sind Vertragsinhalt; sie sind als annähernd zu betrachten und keine zugesicherten Eigenschaften, sondern dienen als Maßstab zur Feststellung, ob das Fahrzeug fehlerfrei ist, es sei denn, daß eine ausdrückliche Zusicherung gemäß Abschnitt I Ziffer 2 gegeben ist.

III. Beginn der Leasingzeit

Die Leasingzeit beginnt an dem zwischen dem Lieferanten und dem Leasingnehmer vereinbarten Tag der Übergabe. Falls auf Wunsch des Leasingnehmers das Fahrzeug vorher zugelassen wird, beginnt die Leasingzeit am Tag der Zulassung. Kommt keine Vereinbarung über den Übergabezeitpunkt zustande, beginnt die Leasingzeit 14 Tage nach Anzeige der Bereitstellung des Fahrzeuges.

IV. Leasingentgelte

1. Die Leasingraten sowie die nachstehend geregelten weiteren Entgelte sind Gegenleistung für die Gebrauchsüberlassung des Fahrzeuges.

2. Ist eine Leasing-Sonderzahlung vereinbart, dient diese nicht als Kaution; durch sie werden Leasingraten nicht getilgt.

3. Ist bei Rückgabe des Fahrzeuges nach Ablauf der bei Vertragsabschluß vereinbarten Leasingzeit die festgelegte Gesamtkilometer-Laufleistung über- bzw. unterschritten, werden die gefahrenen Mehr- bzw. Minderkilometer dem Leasingnehmer zu dem im Leasingvertrag genannten Satz nachberechnet bzw. vergütet. Bei der Berechnung von Mehr- und Minderkilometern bleiben 2 500 km ausgenommen.

4. Vereinbarte Nebenleistungen, wie z. B. Überführung, An- und Abmeldung des Fahrzeuges sowie Aufwendungen für Versicherung und Steuern, soweit sie nicht als Bestandteil der Leasingrate ausdrücklich ausgewiesen werden, sind gesondert zu bezahlen.

5. (Anpassungsregelung für Leasingentgelte)

6. Weitere Zahlungsverpflichtungen des Leasingnehmers nach diesem Vertrag (z. B. im Fall der Kündigung gemäß Abschnitt XV) bleiben unberührt.

V. Zahlung und Zahlungsverzug

1. Die erste Leasingrate ist fällig . . .; die weiteren Leasingraten sind fällig am . . . Eine Leasing-Sonderzahlung ist – soweit nichts anderes vereinbart – zu Beginn der Leasingzeit fällig.

2. Die Forderungen auf Ersatz von Überführungs-, An- und Abmeldekosten sowie der vom Leasinggeber verauslagten Beträge sind nach Anfall/Verauslagung und Rechnungsstellung fällig.

Alle weiteren Forderungen des Leasinggebers sind nach Rechnungsstellung fällig.

3. Zahlungsanweisungen, Schecks und Wechsel werden nur nach besonderer Vereinbarung und nur zahlungshalber angenommen unter Berechnung aller Einziehungs- und Diskontspesen.

4. Gegen die Ansprüche des Leasinggebers kann der Leasingnehmer nur dann aufrechnen, wenn die Gegenforderung des Leasingnehmers unbestritten ist oder ein rechtskräftiger Titel vorliegt; ein Zurückbehaltungsrecht kann der Leasingnehmer nur geltend machen, soweit es auf Ansprüchen aus dem Leasingvertrag beruht.

5. Kommt der Leasingnehmer mit Zahlungen in Verzug, werden Verzugszinsen in Höhe von . . . berechnet. Die Verzugszinsen sind höher oder niedriger anzusetzen, wenn der Leasinggeber eine Belastung mit einem höheren Zinssatz oder der Leasingnehmer eine geringere Belastung nachweist.

VI. Lieferung und Lieferverzug

1. Liefertermine oder Lieferfristen, die verbindlich oder unverbindlich vereinbart werden können, sind schriftlich anzugeben. Lieferfristen beginnen mit Vertragsabschluß. Werden nachträgliche Vertragsänderungen vereinbart, ist erforderlichenfalls gleichzeitig ein Liefertermin oder eine Lieferfrist erneut schriftlich zu vereinbaren.

2. Der Leasingnehmer kann 6 Wochen nach Überschreiten eines unverbindlichen Liefertermins oder einer unverbindlichen Lieferfrist den Leasinggeber schriftlich auffordern, binnen angemessener Frist zu liefern. Mit dieser Mahnung kommt der Leasinggeber in Verzug. Der Leasingnehmer kann neben Lieferung Ersatz des Verzugsschadens nur verlangen, wenn dem Leasinggeber Vorsatz oder grobe Fahrlässigkeit zur Last fällt.

Der Leasingnehmer kann im Fall des Verzugs dem Leasinggeber auch schriftlich eine angemessene Nachfrist setzen mit dem Hinweis, daß er die Übernahme des Leasingfahrzeuges nach Ablauf der Frist ablehne. Nach erfolglosem Ablauf der Nachfrist ist der Leasingnehmer berechtigt, durch schriftliche Erklärung vom Leasingvertrag zurückzutreten oder Schadensersatz wegen Nichterfüllung zu verlangen. Dieser beschränkt sich bei leichter Fahrlässigkeit auf höchstens 10 % des Fahrzeugpreises entsprechend der unverbindlichen Preisempfehlung/des

Listenpreises des Fahrzeugherstellers zum Zeitpunkt des Vertragsabschlusses. Der Anspruch auf Lieferung ist in den Fällen dieses Absatzes ausgeschlossen.

Wird dem Leasinggeber, während er in Verzug ist, die Lieferung durch Zufall unmöglich, so haftet er gleichwohl nach Maßgabe der Absätze 1 und 2, es sei denn, daß der Schaden auch bei rechtzeitiger Lieferung eingetreten wäre.

3. Wird ein verbindlicher Liefertermin oder eine verbindliche Lieferfrist überschritten, kommt der Leasinggeber bereits mit Überschreiten des Liefertermins oder der Lieferfrist in Verzug. Die Rechte des Leasingnehmers bestimmen sich dann nach Ziffer 2.

4. Höhere Gewalt, Aufruhr, Streik, Aussperrung und unverschuldete erhebliche Betriebsstörungen verändern die in Ziffer 1, 2 und 3 genannten Termine und Fristen um die Dauer der durch diese Umstände bedingten Leistungsstörungen.

VII. Übernahme und Übernahmeverzug

1. Der Leasingnehmer hat das Recht, das Fahrzeug innerhalb von 8 Tagen nach Zugang der Bereitstellungsanzeige am vereinbarten Übernahmeort zu prüfen und eine Probefahrt über höchstens 20 km durchzuführen. Der Leasingnehmer ist verpflichtet, das Fahrzeug innerhalb der vorgenannten Frist zu übernehmen.

Sind Änderungen im Sinne von Abschnitt II Ziffer 1 erheblich oder für den Leasingnehmer unzumutbar, kann dieser die Übernahme ablehnen. Das gleiche Recht hat der Leasingnehmer, wenn das angebotene Fahrzeug erhebliche Mängel aufweist, die nach Rüge während der Prüfungsfrist nicht innerhalb von 8 Tagen vollständig beseitigt werden.

2. Bleibt der Leasingnehmer mit der Übernahme des Fahrzeuges länger als 14 Tage ab Zugang der Bereitstellungsanzeige vorsätzlich oder grob fahrlässig im Rückstand, so kann der Leasinggeber dem Leasingnehmer schriftlich eine Nachfrist von 14 Tagen setzen mit der Erklärung, daß er nach Ablauf dieser Frist eine Übergabe ablehne. Nach erfolglosem Ablauf der Nachfrist ist der Leasinggeber berechtigt, durch schriftliche Erklärung vom Vertrag zurückzutreten oder Schadensersatz wegen Nichterfüllung zu verlangen.

Der Setzung einer Nachfrist bedarf es nicht, wenn der Leasingnehmer die Abnahme ernsthaft und endgültig verweigert oder offenkundig auch innerhalb dieser Zeit zur Erfüllung seiner Zahlungsverpflichtung aus dem Leasingvertrag nicht imstande ist.

Verlangt der Leasinggeber Schadensersatz, so beträgt dieser 15 % des Fahrzeugpreises entsprechend der unverbindlichen Preisempfehlung/ des Listenpreises (einschließlich Umsatzsteuer) des Fahrzeugherstellers zum Zeitpunkt des Vertragsabschlusses für dieses Fahrzeug. Der Schadensbetrag ist höher oder niedriger anzusetzen, wenn der Leasinggeber einen höheren oder der Leasingnehmer einen geringeren Schaden nachweist.

Macht der Leasinggeber von seinen Rechten gemäß Satz 1 dieser Ziffer keinen Gebrauch, kann er über das Fahrzeug frei verfügen und an dessen Stelle binnen angemessener Frist ein gleichartiges zu den Vertragsbedingungen liefern.

VIII. Eigentumsverhältnisse, Halter des Fahrzeuges und Zulassung

1. Der Leasinggeber ist Eigentümer des Fahrzeuges. Er ist berechtigt, in Abstimmung mit dem Leasingnehmer das Fahrzeug jederzeit zu besichtigen und auf seinen Zustand zu überprüfen.

Der Leasingnehmer darf das Fahrzeug weder verkaufen, verpfänden, verschenken, vermieten oder verleihen, noch zur Sicherung übereignen. Er darf das Fahrzeug nur den seinem Haushalt angehörenden Personen zur Benutzung überlassen. Eine Verwendung zu Fahrschulzwecken, als Taxi oder zu sportlichen Zwecken bedarf der vorherigen schriftlichen Zustimmung des Leasinggebers.

2. Der Leasingnehmer hat das Fahrzeug von Rechten Dritter freizuhalten. Von Ansprüchen Dritter auf das Fahrzeug, Entwendung, Beschädigung und Verlust ist der Leasinggeber vom Leasingnehmer unverzüglich zu benachrichtigen. Der Leasingnehmer trägt die Kosten für Maßnahmen zur Abwehr des Zugriffs Dritter, die nicht vom Leasinggeber verursacht sind.

3. Nachträgliche Änderungen, zusätzliche Einbauten sowie Lackierungen und Beschriftungen an dem Fahrzeug sind nur zulässig, wenn der Leasinggeber vorher schriftlich zugestimmt hat. Der Leasingnehmer ist jedoch verpflichtet, auf Verlangen des Leasinggebers den ursprünglichen Zustand zum Vertragsende auf eigene Kosten wiederherzustellen, es sei denn, der Leasinggeber hat hierauf verzichtet, oder der ursprüngliche Zustand kann nur mit unverhältnismäßig hohem Aufwand wiederhergestellt werden. Der Leasingnehmer ist berechtigt, von ihm vorgenommene Einbauten zum Vertragsende unter der Voraussetzung zu entfernen, daß der ursprüngliche Zustand wieder hergestellt wird. Änderungen und Einbauten begründen nur dann einen Anspruch auf Zahlung einer Ablösung gegen den Leasinggeber, wenn dieser schriftlich zugestimmt hat und durch die Veränderungen eine Wertsteigerung des Fahrzeuges bei Rückgabe noch vorhanden ist.

4. Der Leasingnehmer ist Halter des Fahrzeuges. Es wird auf ihn zugelassen. Der Fahrzeugbrief wird vom Leasinggeber verwahrt. Benötigt der Leasingnehmer zur Erlangung behördlicher Genehmigungen den Fahrzeugbrief, wird dieser der Behörde auf sein Verlangen vom Leasinggeber vorgelegt. Wird der Fahrzeugbrief dem Leasingnehmer von Dritten ausgehändigt, ist der Leasingnehmer unverzüglich zur Rückgabe an den Leasinggeber verpflichtet.

IX. Halterpflichten

1. Der Leasingnehmer hat alle sich aus dem Betrieb und der Haltung des Fahrzeuges ergebenden gesetzlichen Verpflichtungen, insbesondere die termingerechte Vorführung zu Untersuchungen, zu erfüllen und den Leasinggeber, soweit er in Anspruch genommen wird, freizustellen.

2. Der Leasingnehmer trägt sämtliche Aufwendungen, die mit dem Betrieb und der Haltung des Fahrzeuges verbunden sind, insbesondere Steuern, Versicherungsbeiträge, Wartungs- und Reparaturkosten. Leistet der Leasinggeber für den Leasingnehmer Zahlungen, die nicht aufgrund besonderer Vereinbarung vom Leasinggeber zu erbringen sind, kann er beim Leasingnehmer Rückgriff nehmen.

3. Der Leasingnehmer hat dafür zu sorgen, daß das Fahrzeug nach den Vorschriften der Betriebsanleitung des Herstellers behandelt wird. Das Fahrzeug ist im Rahmen des vertraglichen Verwendungszweckes schonend zu behandeln und stets im betriebs- und verkehrssicheren Zustand zu erhalten.

X. Versicherungsschutz und Schadensabwicklung

1. Für die Leasingzeit hat der Leasingnehmer eine Kraftfahrzeug-Haftpflichtversicherung mit einer pauschalen Deckungssumme von ... DM und eine Fahrzeugvollversicherung mit einer Selbstbeteiligung von ... DM abzuschließen. Der Leasingnehmer ermächtigt den Leasinggeber, für sich einen Sicherungsschein über die Fahrzeugvollversicherung zu beantragen und Auskunft über die vorgenannten Versicherungsverhältnisse einzuholen. Hat der Leasingnehmer nicht die erforderliche Fahrzeugvollversicherung abgeschlossen, ist der Leasinggeber berechtigt, aber nicht verpflichtet, eine entsprechende Versicherung als Vertreter für den Leasingnehmer abzuschließen.

2. Im Schadensfall hat der Leasingnehmer den Leasinggeber unverzüglich zu unterrichten, und zwar bei voraussichtlichen Reparaturkosten von über 3 000 DM fernmündlich vor Erteilung des Reparaturauftrags.

Der Leasingnehmer hat dem Leasinggeber ferner unverzüglich eine Kopie der an den Versicherer gerichteten Schadensanzeige und der Rechnung über die durchgeführte Reparatur zu übersenden.

3. Der Leasingnehmer hat die notwendigen Reparaturarbeiten unverzüglich im eigenen Namen und auf eigene Rechnung durchführen zu lassen, es sei denn, daß wegen Schwere und Umfang der Schäden Totalschaden anzunehmen ist oder die voraussichtlichen Reparaturkosten ... % des Wiederbeschaffungswerts des Fahrzeuges übersteigen.

Der Leasingnehmer hat mit der Durchführung der Reparatur einen vom Hersteller anerkannten Betrieb zu beauftragen. In Notfällen können, falls die Hilfe eines vom Hersteller anerkannten Betriebes nicht oder nur unter unzumutbaren Schwierigkeiten erreichbar ist, Reparaturen in einem anderen Kfz-Reparaturbetrieb, der die Gewähr für sorgfältige handwerksmäßige Arbeit bietet, durchgeführt werden.

4. Der Leasingnehmer ist – vorbehaltlich eines Widerrufes durch den Leasinggeber – ermächtigt und verpflichtet, alle fahrzeugbezogenen Ansprüche aus einem Schadensfall im eigenen Namen und auf eigene Kosten geltend zu machen. Zum Ausgleich des Fahrzeugschadens erlangte Beträge hat der Leasingnehmer im Reparaturfall zur Begleichung der Reparaturrechnung zu verwenden. Ist der Leasingnehmer gemäß Ziffer 3 Absatz 1 nicht zur Reparatur des Fahrzeuges verpflichtet, hat er die erlangten Entschädigungsleistungen an den Leasinggeber abzuführen. Entschädigungsleistungen für Wertminderung sind in jedem Fall an den Leasinggeber weiterzuleiten.

5. Bei Verträgen mit Gebrauchtwagenabrechnung rechnet der Leasinggeber erhaltene Wertminderungsbeträge dem aus dem Verkauf

des Fahrzeuges erzielten Verkaufserlös (ohne Umsatzsteuer) am Vertragsende zu. Bei Verträgen mit Kilometerabrechnung kann der Leasinggeber vom Leasingnehmer am Vertragsende eine dann noch bestehende schadensbedingte Wertminderung des Fahrzeuges ersetzt verlangen, soweit der Leasinggeber nicht schon im Rahmen der Schadensabwicklung eine Wertminderungsentschädigung erhalten hat.

6. Bei Totalschaden oder Verlust des Fahrzeuges kann jeder Vertragspartner den Leasingvertrag zum Ende eines Vertragsmonats – alternativ: zum Zeitpunkt der Fälligkeit einer Leasingrate – kündigen.

Bei schadensbedingten Reparaturkosten von mehr als ... % des Wiederbeschaffungswertes des Fahrzeuges kann der Leasingnehmer innerhalb von 3 Wochen nach Kenntnis dieser Voraussetzungen zum Ende eines Vertragsmonats – alternativ: zum Zeitpunkt der Fälligkeit einer Leasingrate – kündigen. Macht der Leasingnehmer von diesem Kündigungsrecht keinen Gebrauch, hat er das Fahrzeug gemäß Ziffer 3, 1. Halbsatz unverzüglich reparieren zu lassen.

Wird im Falle der Entwendung das Fahrzeug vor dem Eintritt der Leistungsverpflichtung des Versicherers wieder aufgefunden, setzt sich der Leasingvertrag auf Verlangen eines der Vertragspartner zu den bisherigen Bedingungen fort. In diesem Fall hat der Leasingnehmer die zwischenzeitlichen Leasingraten in einer Summe innerhalb einer Woche ab Geltendmachung des Fortsetzungsverlangens nachzuzahlen.

Totalschaden, Verlust oder Beschädigung des Fahrzeuges entbinden nur dann von der Verpflichtung zur Zahlung weiterer Leasingraten, wenn der Leasingvertrag wirksam nach Absätzen 1 oder 2 gekündigt ist und nicht gemäß Absatz 3 fortgesetzt wird.

Die Folgen einer Kündigung nach Absätzen 1 oder 2 sind in Abschnitt XV geregelt.

XI. Haftung

1. Für Untergang, Verlust, Beschädigung und Wertminderung des Fahrzeuges und seiner Ausstattung haftet der Leasingnehmer dem Leasinggeber auch ohne Verschulden, jedoch nicht bei Verschulden des Leasinggebers.

2. Für unmittelbare und mittelbare Schäden, die dem Leasingnehmer oder anderen Personen durch den Gebrauch des Fahrzeuges, Gebrauchsunterbrechung oder -entzug entstehen, haftet der Leasinggeber dem Leasingnehmer nur bei Verschulden.

XII. Wartung und Reparaturen

Fällige Wartungsarbeiten hat der Leasingnehmer pünktlich, erforderliche Reparaturen unverzüglich durch einen vom Hersteller anerkannten Betrieb ausführen zu lassen. Das gilt auch für Schäden an der Kilometer-Anzeige. In diesem Fall hat der Leasingnehmer dem Leasinggeber eine Kopie der Reparaturrechnung mit dem Vermerk des alten Kilometerstandes einzureichen.

In Notfällen können, falls die Hilfe eines vom Hersteller anerkannten Betriebes nicht oder nur unter unzumutbaren Schwierigkeiten erreichbar ist, Reparaturen in einem anderen Kfz-Reparaturbetrieb, der die Gewähr für sorgfältige handwerksmäßige Arbeit bietet, durchgeführt werden.

XIII. Gewährleistung

1. Der Leasinggeber tritt sämtliche Ansprüche auf Gewährleistung aus dem Kaufvertrag über das Fahrzeug sowie etwaige zusätzliche Garantieansprüche gegen den Hersteller/Importeur an den Leasingnehmer ab. Dieser nimmt die Abtretung an und verpflichtet sich, diese Ansprüche im eigenen Namen mit der Maßgabe geltend zu machen, daß bei Rückgängigmachung des Kaufvertrags (Wandlung) oder Herabsetzung des Kaufpreises (Minderung) etwaige Zahlungen des Gewährleistungs- oder Garantieverpflichteten direkt an den Leasinggeber zu leisten sind.

Gegen den Leasinggeber stehen dem Leasingnehmer Gewährleistungsansprüche nicht zu.

2. Nachbesserungsansprüche sind vom Leasingnehmer bei einem vom Hersteller anerkannten Betrieb entsprechend den hierfür maßgeblichen Gewährleistungs- und Garantiebedingungen geltend zu machen. Bleibt der erste Nachbesserungsversuch erfolglos, wird der Leasinggeber den Leasingnehmer nach schriftlicher Aufforderung bei der Durchsetzung seines Nachbesserungsanspruches unterstützen.

3. Schlägt die Nachbesserung fehl und verlangt der Leasingnehmer deshalb Wandlung oder Minderung, hat er den Leasinggeber über die

Geltendmachung seines Anspruches unverzüglich schriftlich in Kenntnis zu setzen.

4. Erklärt sich der Gewährleistungsverpflichtete bei fehlgeschlagener Nachbesserung mit der Wandlung einverstanden oder wird er rechtskräftig zur Wandlung verurteilt, entfällt die Verpflichtung des Leasingnehmers zur Zahlung von Leasingraten.

Erklärt sich der Gewährleistungsverpflichtete mit der Wandlung nicht einverstanden, ist der Leasingnehmer ab Erklärung der Wandlung zur Zurückbehaltung der Leasingraten berechtigt, wenn er unverzüglich – spätestens jedoch innerhalb von sechs Wochen nach Erklärung der Wandlung – die Wandlungsklage erhebt, es sei denn, daß sich der Leasingnehmer mit dem Leasinggeber über eine etwaige Verlängerung der Klagefrist vorher verständigt hat. Erhebt der Leasingnehmer nicht fristgerecht Klage, ist er erst ab dem Tag der Klageerhebung zur Zurückbehaltung der Leasingraten berechtigt.

Das Zurückbehaltungsrecht entfällt rückwirkend, wenn die Wandlungsklage des Leasingnehmers erfolglos bleibt. Die zurückbehaltenen Leasingraten sind unverzüglich in einem Betrag nachzuzahlen. Der Leasingnehmer hat dem Leasinggeber den durch die Zurückbehaltung der Leasingraten entstandenen Verzugsschaden zu ersetzen.

5. Nach Wandlung wird der Leasingvertrag wie folgt abgerechnet:

Die Forderung des Leasingnehmers umfaßt die gezahlten Leasingraten und eine etwaige Leasing-Sonderzahlung, jeweils zuzüglich Zinsen in gesetzlicher Höhe, sowie etwaige vom Gewährleistungsverpflichteten erstattete Nebenkosten.

Von dieser Forderung werden die Aufwendungen des Leasinggebers für etwaige im Leasingvertrag zusätzlich eingeschlossene Dienstleistungen sowie ein Ausgleich für die Zurverfügungstellung des Fahrzeuges und den ersparten Kapitaleinsatz beim Leasingnehmer abgesetzt. Darüber hinaus bleibt die Geltendmachung eines Minderwertes gemäß Abschnitt XVI Ziffer 3 unberührt, soweit der Minderwert nicht auf dem gewährleistungspflichtigen Mangel beruht.

6. Hat im Fall der Minderung der Gewährleistungsverpflichtete einen Teil des Kaufpreises an den Leasinggeber zurückgezahlt, berechnet der Leasinggeber auf der Grundlage des herabgesetzten Kaufpreises die noch ausstehenden Leasingraten – unter Berücksichtigung der bereits gezahlten Leasing-Entgelte – und den Restwert neu.

7. Das Risiko einer Zahlungsunfähigkeit des Gewährleistungsverpflichteten trägt der Leasinggeber.

XIV. Kündigung

1. Der Leasingvertrag ist während der vereinbarten Leasingzeit nicht durch ordentliche Kündigung auflösbar. Unberührt bleiben die Kündigungsrechte nach Ziffern 2 und 3 sowie nach Abschnitt X Ziffer 6.

Alternativfassung:

1. Der Leasingnehmer kann den Leasingvertrag vor Ablauf der vereinbarten Vertragszeit mit einer Frist von 1 Monat zum Ende eines Vertragsmonats kündigen, frühestens jedoch . . . Monate nach Vertragsbeginn. Unberührt bleiben die Kündigungsrechte nach Ziffern 2 und 3 sowie nach Abschnitt X Ziffer 6.

2. Jeder Vertragspartner kann den Vertrag aus wichtigem Grund fristlos kündigen.

Der Leasinggeber kann insbesondere dann fristlos kündigen, wenn der Leasingnehmer

- mit einer Leasingrate ganz und mit einer weiteren ganz oder teilweise in Verzug ist;
- seine Zahlungen einstellt, als Schuldner einen außergerichtlichen Vergleich anbietet, Wechsel und Schecks mangels Deckung zu Protest gehen läßt, ein Vergleichs- oder Konkursverfahren beantragt oder ein solches Verfahren über sein Vermögen eröffnet wird;
- bei Vertragsabschluß unrichtige Angaben gemacht oder Tatsachen verschwiegen hat und deshalb dem Leasinggeber die Fortsetzung des Vertrages nicht zuzumuten ist;
- trotz schriftlicher Abmahnung schwerwiegende Verletzungen des Vertrages nicht unterläßt oder bereits eingetretene Folgen solcher Vertragsverletzungen nicht unverzüglich beseitigt.

3. Stirbt der Leasingnehmer, können seine Erben oder der Leasinggeber das Vertragsverhältnis zum Ende eines Vertragsmonats – alternativ: zum Zeitpunkt der Fälligkeit einer Leasingrate – kündigen.

4. Die Folgen einer Kündigung sind in Abschnitt XV geregelt.

XV. Abrechnung nach Kündigung

XVI. Rückgabe des Fahrzeuges

1. Nach Beendigung des Leasingvertrags ist das Fahrzeug mit Schlüsseln und allen überlassenen Unterlagen (z. B. Fahrzeugschein, Kundendiensheft, Ausweise) vom Leasingnehmer auf seine Kosten und Gefahr unverzüglich dem ausliefernden Händler zurückzugeben. Gibt der Leasingnehmer Schlüssel oder Unterlagen nicht zurück, hat er die Kosten der Ersatzbeschaffung sowie einen sich daraus ergebenden weiteren Schaden zu ersetzen.

2. Bei Rückgabe muß das Fahrzeug in einem dem Alter und der vertragsgemäßen Fahrleistung entsprechenden Erhaltungszustand, frei von Schäden sowie verkehrs- und betriebssicher sein.

Über den Zustand wird bei Rückgabe ein gemeinsames Protokoll angefertigt und von beiden Vertragspartnern oder ihren Bevollmächtigten unterzeichnet.

3. Bei Rückgabe des Fahrzeuges nach Ablauf der bei Vertragsabschluß vereinbarten Leasingzeit gilt folgende Regelung:

Entspricht das Fahrzeug bei Verträgen mit Kilometerabrechnung nicht dem Zustand gemäß Ziffer 2 Absatz 1 und ist das Fahrzeug hierdurch im Wert gemindert, ist der Leasingnehmer zum Ausgleich dieses Minderwertes zuzüglich Umsatzsteuer verpflichtet. Eine schadensbedingte Wertminderung (Abschnitt X Ziffern 4 und 5) bleibt dabei außer Betracht, soweit der Leasinggeber hierfür bereits eine Entschädigung erhalten hat.

Können sich die Vertragspartner über einen vom Leasingnehmer auszugleichenden Minderwert oder – bei Verträgen mit Gebrauchtwagenabrechnung – über den Wert des Fahrzeuges (Händlereinkaufspreis) nicht einigen, werden Minderwert bzw. Wert des Fahrzeuges auf Veranlassung des Leasinggebers mit Zustimmung des Leasingnehmers durch einen öffentlich bestellten und vereidigten Sachverständigen oder ein unabhängiges Sachverständigenunternehmen ermittelt. Die Kosten tragen die Vertragspartner je zur Hälfte. Durch das Sachverständigengutachten wird der Rechtsweg nicht ausgeschlossen.

4. Wird das Fahrzeug nicht termingemäß zurückgegeben, werden dem Leasingnehmer für jeden überschrittenen Tag als Grundbetrag $1/30$ der für die Vertragszeit vereinbarten monatlichen Leasingrate und die durch die Rückgabeverzögerung verursachten Kosten berechnet.

Im übrigen gelten während dieser Zeit die Pflichten des Leasingnehmers aus diesem Vertrag sinngemäß fort.

5. Ein Erwerb des Fahrzeuges vom Leasinggeber durch den Leasingnehmer nach Vertragsablauf ist ausgeschlossen.

XVII. Allgemeine Bestimmungen

1. Gerichtsstand ist das für ... zuständige Gericht, soweit der Leasingnehmer oder ein Mitschuldner nach Vertragsabschluß seinen Wohnsitz oder gewöhnlichen Aufenthaltsort aus dem Inland verlegt oder sein Wohnsitz oder gewöhnlicher Aufenthaltsort zum Zeitpunkt der Klageerhebung nicht bekannt ist.

2. Der Leasingnehmer hat einen Wohnsitzwechsel dem Leasinggeber unverzüglich anzuzeigen.

3. Ansprüche und sonstige Rechte aus dem Leasingvertrag können nur mit vorheriger schriftlicher Zustimmung des Leasinggebers abgetreten werden.

Die Rechtsprechung des Bundesgerichtshofs zum Leasing

Richter am Bundesgerichtshof Eckard Wolf, Karlsruhe

I. Die charakteristischen Merkmale des Leasingvertrages

1. In den Grenzbereichen von Kauf, Miete und Darlehen hat sich das Leasing als besonderes Schuldverhältnis entwickelt und in nunmehr 14jähriger Spruchpraxis des Bundesgerichtshofs konkrete Gestalt angenommen. Unter einer Vielfalt von Möglichkeiten hat seine Ausgestaltung als Finanzierungsleasing, d. h. in der Form mehrseitigen Zusammenwirkens von Lieferant, Leasinggeber und Leasingnehmer, gegenüber dem Herstellerleasing, bei dem Lieferant und Leasinggeber identisch sind, eine Vorrangstellung eingenommen. So stellt es sich jedenfalls aus forensischer Sicht dar. Dies kann freilich auch deshalb nicht verwundern, weil das – fremdfinanzierte – Leasing die kompliziertere Art der Vertragsgestaltung darstellt, was naturgemäß höhere Konfliktsanfälligkeit bedeutet. Nicht erklärt ist damit freilich das Phänomen, daß das Immobilienleasing bisher die Gerichte kaum, die Revisionsinstanz überhaupt nicht beschäftigt hat. Eine Ursache hierfür mag darin zu suchen sein, daß Immobilienleasing sich auf der Grundlage individuell ausgehandelter, häufig notariell beurkundeter Verträge vollzieht.

Als zentrale Vertragstypen, denen durch Richterrecht – bisher – Gestalt zu geben war, haben das Finanzierungsleasing als Vollamortisationsleasing und als Teilamortisationsleasing zu gelten. Da dieses Begriffspaar – jedenfalls in wirtschaftlicher Hinsicht – Mißverständnissen Vorschub leistet, sei nachdrücklich darauf hingewiesen, daß auch der sogenannte Teilamortisationsvertrag auf volle Amortisation gerichtet ist.

Der Meinungsstreit um die Einordnung des Finanzierungsleasings in das System des besonderen Schuldrechts mag andauern, insbesondere mag seine Charakterisierung als eines atypischen Vertrags, die ihre dogmatische Rechtfertigung im Prinzip der Vertragsfreiheit findet, ihre Anziehungskraft noch nicht völlig verloren haben. Sie schafft jedoch für die beteiligten Kreise eher Schwierigkeiten als daß sie solche löst. Was die Rechtsprechung angeht, kann das Einordnungsproblem inzwischen als ausgestanden gelten. Aufgrund einer Gesamtschau der bisher entschiedenen Fälle kann als gesichert gelten, daß das Finanzierungsleasing grundsätzlich dem Mietrecht zuzuordnen ist[1]). An dem mietrechtlichen Kern des Finanzierungsleasing ist solange nicht erfolgreich zu rütteln, als es zu den Vertragspflichten des Leasinggebers gehört, dem Leasingnehmer gegen Entgelt den Gebrauch des Leasingobjekts für bestimmte Zeit in einem für den Vertragszweck geeigneten Zustand zu überlassen, eine Hauptpflicht, von der sich der Leasinggeber jedenfalls nicht formularmäßig freizeichnen kann. Würde dies in einem individuell ausgehandelten Vertrag geschehen, so hätte dies, wie noch darzulegen sein wird, die unausweichliche Folge, daß das Finanzierungsleasing zu einem fremdfinanzierten Kauf denaturiert würde. Würde eine derartige Vertragsgestaltungspraxis um sich greifen, so wäre das juristische Ende des Finanzierungsleasing in der Art, wie es inzwischen Gestalt gewonnen hat, die unausweichliche Folge.

Die grundsätzliche Zuordnung des Leasing zum Mietrecht bedeutet, daß im Falle ergänzender oder lückenausfüllender Vertragsauslegung ebenso wie nach Feststellung überraschender oder unangemessener Regelungen auf die Vorschriften der §§ 535 ff BGB zurückzugreifen ist.

2. Zum Wesen des Finanzierungsleasingvertrages und zu seinen Besonderheiten im Vergleich zum reinen Mietvertrag läßt sich in Grundzügen folgendes sagen:

Der Leasinggeber schuldet Gebrauchsüberlassung wie der Vermieter und trägt, wie dieser, das Risiko der Beschaffung des Mietobjekts und damit das Risiko der Insolvenz des Lieferanten; eine Gebrauchserhaltungspflicht trifft den Leasinggeber nur in der Weise, daß er den Leasingnehmer nicht im Gebrauch stören darf und ihn bei der Abwehr von Störungen im Gebrauch durch Dritte unterstützen muß. Die Sach- und Gegenleistungsgefahr trägt der Leasingnehmer. Die mietrechtliche Gewährleistung wird durch Abtretung der kaufrechtlichen ersetzt; das Risiko ihrer Realisierung bei Vermögenslosigkeit des Lieferanten bleibt indessen beim Leasinggeber. Der Leasingnehmer schuldet dem Leasinggeber volle Amortisation des Kapitaleinsatzes einschließlich des vom Leasinggeber kalkulierten Gewinns.

a) Kernstück des Finanzierungsleasingvertrages ist der Anspruch des Leasinggebers auf volle Amortisation, weil sich daraus signifikante vom Leitbild des Mietvertrages abweichende Folgerungen ergeben. Im Urteil des BGH vom 12. 6. 1985[2]) ist dieser Anspruch – unter Aufgabe der in der vorausgegangenen Rechtsprechung erwogenen Risikoteilung – am Beispiel eines auf unbestimmte Zeit geschlossenen, vor Ablauf der kalkulierten Amortisationsdauer ordentlich kündbaren Finanzierungsleasingvertrages wie folgt begründet worden:

Die Entstehung und einen wesentlichen Teil seiner praktischen Bedeutung verdankt das Leasing ertragssteuerrechtlichen Überlegungen. Ihr Kern ist die Zuordnung des Leasingobjekts auch als wirtschaftliches Eigentum des Leasinggebers. Aus der daraus sich ergebenden Folge, daß das Leasingobjekt vom Leasingnehmer nicht zu aktivieren ist und die Leasingraten als Betriebsausgaben gelten, verspricht sich der Leasingnehmer steuerlichen und betriebswirtschaftlichen Vorteil. Die von den beteiligten Kreisen unter diesem Gesichtspunkt entwickelten Vertragstypen stimmen darin überein, daß sie zu voller Amortisation des vom Leasinggeber eingesetzten Kapitals führen. Bei den Vollamortisationsverträgen[3]) geschieht das allein durch Zahlung der vereinbarten Leasingraten. Bei den Teilamortisationsverträgen soll dasselbe Ziel zum einen durch die Zahlung von Leasingraten und zum anderen mittels der Vereinbarung eines Andienungsrechts durch Zahlung eines – regelmäßig schon bei Vertragsschluß festgelegten – Kaufpreises oder mittels einer Abschlußzahlung erreicht werden[4]). Nach den erlaßkonformen Leasingvertragstypen schuldet der Leasingnehmer also stets volle Amortisation der Gesamtkosten des Leasinggebers. Während beim Vollamortisationsvertrag wegen übereinstimmender Dauer von Gebrauchsüberlassung und Tilgung sich die Abwicklung des Vertragsverhältnisses bei vertragsgemäßer Beendigung im wesentlichen in der Rückgabe des Leasingobjekts erschöpft, macht die – gleichfalls vertragsgemäße – Beendigung eines auf unbestimmte Dauer geschlossenen Finanzierungsleasingvertrages durch ordentliche Kündigung seitens des Leasingnehmers die Abwicklung gerade auch in bezug auf die vom Leasinggeber gewährte Finanzierung nötig. Es gehört zum Wesen jeglicher Finanzierung, daß die eingesetzten Mittel an den Kreditgeber zurückfließen. Das gilt auch für das Finanzierungsleasing. Im Unterschied zu sonstigen Vermietern erwirbt der Leasinggeber den vom Leasingnehmer nach dessen Bedürfnissen ausgesuchten Gegenstand zum Zwecke der Vermietung an den Leasingnehmer, wobei die Parteien des Leasingvertrages darüber einig sind, daß die vereinbarten Leasingraten nicht nur Entgelt für die Gebrauchsüberlassung, sondern auch dazu bestimmt sind, den Kapitaleinsatz des Leasinggebers einschließlich des kalkulierten Gewinns zu tilgen. Die volle Amortisation ist danach auch beim kündbaren Teilamortisationsvertrag leasingtypisch und infolgedessen vertragsimmanent. Sie wird in diesem Falle durch eine Ausgleichszahlung realisiert, die – im Abwicklungsschuldverhältnis nach ordentlicher Kündigung – an die Stelle des Erfüllungsanspruchs tritt und, wie dieser, Entgeltcharakter hat[5]).

Praktische Bedeutung gewinnt der Anspruch auf volle Amortisation nicht nur bei vorzeitiger aber vertragsgemäßer Beendigung von Finanzierungsleasingverträgen mit unbestimmter Laufzeit, sondern auch und gerade für den Fall einer vom Leasinggeber ausgesprochenen, vom Leasingnehmer – etwa durch Zahlungsverzug – veranlaßten außerordentlichen Kündigung.

b) Die Abwälzung von Sach- und Gegenleistungsgefahr ist nächst dem Anspruch des Leasinggebers auf volle Amortisation die zweitwichtigste Abweichung des Leasingvertrages vom Leitbild des Mietvertrages, weil sie – mittelbar – den Inhalt der Gebrauchsüberlassungspflicht des Leasinggebers eingrenzt.

Den Vermieter belasten die §§ 535, 536 BGB mit der Sacherhaltungs- und Unterhaltungspflicht. Zu der typischen Ausgestaltung des Finanzierungsleasing gehört es demgegenüber, dem Leasingnehmer das Risiko des zufälligen Untergangs, des Verlustes, der Beschädigung und des sonstigen vorzeitigen Unbrauchbarwerdens des Leasingobjekts aufzubürden, mit der Folge, daß er in den genannten Fällen die Leasingraten jedenfalls bis zum Zeitpunkt der ordentlichen Kündigung weiter leisten und den zerstörten, unter- oder verlorengegangenen Gegenstand durch einen gleichartigen und gleichwertigen ersetzen muß. Daß eine derartige Vertragsgestaltung durch individuell getroffene Vereinbarungen möglich ist, begegnet keinen Bedenken. Der Bundesgerichtshof hat im Urteil vom 8. 10. 1975[6]) die Angemessenheit derartiger Risikoverlagerung dahingestellt sein lassen. In weiteren Entscheidungen vom 13. 7. 1976[7]) und vom 23. 11. 1976[8]) wird die Wirksamkeit der Risikoverlagerung auf den Leasingnehmer ohne sachliche Prüfung unterstellt. In den Urteilen vom 9. 3. 1977[9]), vom 22. 1. 1986[10]) und vom 15. 10. 1986[11]) wird betont, die Abwälzung der Sach- und Gegenleistungsgefahr auf den Leasingnehmer gehöre zum typischen Inhalt eines Leasingvertrages und sei deshalb grundsätzlich zu billigen. Im jüngsten Urteil vom 30. 9. 1987[12]), wird nunmehr die materielle Rechtfertigung derartiger Vertragsgestaltung „nachgeliefert" und dabei auf die in BGHZ 95, 39 und 97, 65 herausgearbeiteten Grundsätze Bezug genommen. Es heißt im zitierten Urteil:

> „Der Leasingnehmer will – aus steuerlichen oder betriebswirtschaftlichen Gründen – ein für ihn zweckmäßiges Wirtschaftsgut nicht käuflich erwerben, sondern sich durch Einschaltung eines Leasinggebers nur auf Zeit nutzbar machen. In seinem Interesse – wenn auch zugleich im eigenen – erwirbt der Leasinggeber das Leasinggut und stellt es zum Gebrauch zur Verfügung. Das Interesse an der Sache und an ihrer Benutzung liegt also weit überwiegend beim Leasingnehmer. Deshalb erscheint es gerechtfertigt, in bezug auf die Sach- und Gegenleistungsgefahr den Leasingnehmer in Allgemeinen Geschäftsbedingungen wie einen Käufer zu behandeln und damit vom gesetzlichen Mietrecht auch in diesem Punkte abzuweichen. Die sich für den Leasingnehmer daraus ergebende Belastung ist erträglich, weil er die Leasingsache versichern lassen kann und ihm eine dem Leasinggeber ausgezahlte Versicherungssumme zugute kommen muß (BGHZ 93, 391)."

Der Bundesgerichtshof hat[12a] – insoweit im Unterschied zur Rechtsprechung des II. Zivilsenats zu den Befugnissen des Ratenkreditgebers beim finanzierten Abzahlungskauf – sichergestellt, daß der versicherte Leasinggeber verpflichtet ist, die Versicherungsleistung, auf deren Auszahlung er im Verhältnis zum Versicherer als Inhaber des Versicherungsscheins Anspruch hat, ausschließlich zur Wiederherstellung des Leasingobjekts zu verwenden. Dem Leasinggeber ist es verwehrt, auf die Versicherungssumme wegen anderer Ansprüche gegen Leasingnehmer zurückzugreifen.

In dem am 30. 9. 1987 entschiedenen Fall ging es um die rechtliche Beurteilung folgender Klausel:

> (1) „Der Kunde trägt die Gefahr des Untergangs, Verlustes, des vorzeitigen Verschleißes oder der Beschädigung des Leasinggegenstandes. Derartige Umstände sind ohne Einfluß auf die Verpflichtung des Kunden aus diesem Vertrag ...
>
> (2) Im Schadensfall hat der Kunde die Gesellschaft unverzüglich schriftlich zu verständigen. Der Kunde ist in diesem Fall verpflichtet, entweder
>
> a) den Leasinggegenstand auf seine Kosten reparieren zu lassen, oder
>
> b) den Leasinggegenstand nach Abstimmung mit der Gesellschaft durch einen anderen gleichwertigen zu ersetzen oder
>
> c) an die Gesellschaft alle Beträge, die er der Gesellschaft aufgrund dieses Vertrages schuldet – auch alle zukünftig fällig werdenden Leasingraten – sofort zu zahlen."

Der Bundesgerichtshof hat die im zweiten Absatz getroffene Regelung, nach der der Leasingnehmer bei Verlust der Leasingsache zur sofortigen Zahlung aller noch ausstehenden Leasingraten verpflichtet ist, falls weder die Sache repariert noch eine gleichwertige beschafft werden kann, für unwirksam angesehen. Die Bestimmung benachteiligt den Leasingnehmer schon deshab einseitig, weil eine Abzinsung nicht vorgesehen ist und auch der in den Folgeraten enthaltene Gewinnanteil weiterhin beansprucht wird.

Im Urteil vom 15. 10. 1986[13] hat der Bundesgerichtshof ausgesprochen, daß die sonst allgemein zulässige Abwälzung der Sach- und Gegenleistungsgefahr auf den Leasingnehmer beim Kraftfahrzeugleasing eine Einschränkung erfahren müsse. Nach Abwägung der beiderseitigen Interessen von Kraftfahrzeugleasinggeber und Kraftfahrzeugleasingnehmer heißt es im erwähnten Urteil, es müsse zwar dabei bleiben, daß die Sachgefahr wirtschaftlich auf den Leasingnehmer abgewälzt werden könne, weil sie sich im allgemeinen in seinem Besitz und Einflußbereich realisiere und er sich gegen die Kostenlast weitgehend versichern könne. Nicht erforderlich und für den Leasingnehmer erheblich belastend aber sei es, ihm bei von keinem Vertragspartner verschuldeter Gebrauchsbeeinträchtigung nicht unerheblicher Art ausnahmslos ein Kündigungsrecht zu versagen. Dem Leasinggeber entstehe durch die Einräumung eines Kündigungsrechts kein Nachteil, denn er habe auch bei einem vertraglichen Kündigungsrecht grundsätzlich einen auf Vollamortisation seines Aufwandes gerichteten Ausgleichsanspruch. Der Leasingnehmer werde bei Vorhandensein einer Kündigungsmöglichkeit, auch wenn er Ausgleichszahlungen leisten müsse, von den zusätzlichen technischen und finanziellen Risiken weiterer Benutzung eines Kraftfahrzeugs befreit. In dem ebenfalls bereits erwähnten Urteil vom 30. 9. 1987 hat der Bundesgerichtshof klargestellt, daß die besonderen, ein sofortiges Kündigungsrecht fordernden Verhältnisse beim Kraftfahrzeugleasing in den übrigen Leasingfällen nicht in gleicher Weise vorliegen. Insbesondere fehle es im allgemeinen an dem für Kraftfahrzeugleasingnehmer typischen Interesse, während der zumeist kurzen Vertragszeit ein weitgehend risikofreies, weil anfangs fabrikneues Fahrzeug zu fahren und vor der Gefahr versteckter Schäden und Reparaturausfallzeiten geschützt zu sein.

Ist die Sach- und Gegenleistungsgefahr wirksam auf den Leasingnehmer abgewälzt worden, so ist die zwangsläufige Folge daraus, daß den Leasinggeber nach Übergabe des Leasingobjekts während der Vertragsdauer weder eine Sacherhaltungs- noch eine Sachunterhaltungspflicht trifft. Während der Vertragsdauer ist der Leasinggeber vielmehr lediglich verpflichtet, den Leasingnehmer nicht im Gebrauch zu stören und ihm bei der Abwehr von Gebrauchsstörungen durch Dritte Unterstützung zuteil werden zu lassen[14]). Zwangsläufige Folge der Abwälzung der Sach- und Gegenleistungsgefahr ist der Verlust der Rechte des Leasingnehmers aus §§ 320 ff BGB und des außerordentlichen Kündigungsrechts aus § 542 BGB[15]), denn diese Rechte hängen davon ab, daß der Leasingnehmer die Gebrauchsbeeinträchtigung durch Verlust, Untergang oder Beschädigung des Leasingobjekts **nicht** zu vertreten hat.

Das Risiko des Leasingnehmers besteht indessen nur insoweit und so lange, wie sich das Leasingobjekt in seinem Herrschaftsbereich befindet. Erweist es sich als mangelhaft und nimmt es der Lieferant vertragsgemäß zur Behebung von Mängeln in seinen Gewahrsam, so trifft die Gefahr des zufälligen Untergangs, des Verlustes oder der Beschädigung des Leasingobjekts den Leasingnehmer nicht mehr[16]). Bringt dagegen der Lieferant das Leasingobjekt eigenmächtig an sich und verweigert er dessen Herausgabe an den Leasingnehmer, so bleibt es bei der vertraglich vorgesehenen Risikoabwälzung auf den Leasingnehmer, d. h. er muß die Folgen eines derartigen Verhaltens, das einem Verlust des Leasingobjekts gleichzusetzen ist, tragen[17]). Der Bundesgerichtshof hat in dem am 30. 9. 1987 entschiedenen Fall den Lieferanten weder als Erfüllungs- noch als Verrichtungsgehilfen des Leasinggebers angesehen und demgemäß dessen Verantwortlichkeit für das Verhalten des Lieferanten gemäß §§ 278, 831 BGB verneint. Das folgt daraus, daß der Leasinggeber mit der Gebrauchsüberlassung, zu deren Verwirklichung er sich allerdings des Lieferanten als seines Erfüllungsgehilfen bedient, seine vertragliche Hauptverpflichtung erfüllt hat. Nach der Gebrauchsüberlassung trifft ihn, wie schon mehrfach erwähnt, nur noch die Verpflichtung, Gebrauchsbeeinträchtigungen zu unterlassen. Für eine weitere Heranziehung des Lieferanten als Erfüllungsgehilfen oder für seine Betrauung mit Verrichtungen, besteht mithin kein Anlaß.

c) Schließlich weicht das Finanzierungsleasing in der Ausgestaltung des Gewährleistungsrechts vom Leitbild der reinen Miete ab. Leasingtypischerweise – mit der Nähe des Leasingnehmers zum Leasingobjekt in fachlich-technischer Hinsicht gerechtfertigt – wird die mietrechtliche durch kaufrechtliche Gewährleistung ersetzt. Das ist im kaufmännischen wie im privaten Bereich zulässig, soweit der Leasingnehmer nicht rechtlos gestellt wird. Rechtlos ist er dann nicht, wenn der Leasinggeber die ihm als Käufer des Leasingobjekts gegenüber dem Lieferanten zustehenden Gewährleistungsrechte – insbesondere das Recht zur Wandelung – abtritt oder zur Ausübung überträgt[18]). Des Schutzes des § 11 Nr. 10a AGBG bedarf der Leasingnehmer nicht.

Unwirksam ist allerdings eine Klausel, die bestimmt:

„Der Vermieter haftet dem Mieter für Ansprüche jeder Art (Sach- und Rechtsmängel, Verzugsschaden, sonstigen Schadensersatz usw.) in dem Umfang, in dem er seinerseits gegenüber dem Lieferanten oder Dritten Ansprüche stellen kann oder Befriedigung erlangt.

Nach Wahl des Vermieters ist der Mieter verpflichtet, derartige Ansprüche gegenüber Lieferanten und Dritten entweder im eigenen Namen oder im Namen des Vermieters zur Leistung an den Vermieter geltend zu machen. Der Vermieter kann die in dieser Wahl liegende Ermächtigung jederzeit widerrufen und die Ansprüche selbst verfolgen. In jedem Falle trägt die Kosten der Rechtsverfolgung der Mieter."

Diese Klausel läßt es an der notwendigen Bestimmtheit fehlen. Es bleibt in der Schwebe, wer im Gewährleistungsfall welche Befugnisse hat. Als unwirksam ist auch folgende Klausel angesehen worden:

„Rechte auf Mängelbeseitigung, Mietminderung, Schadensersatz sowie ein Kündigungs- oder Rücktrittsrecht sind der Vermieterin gegenüber ausgeschlossen. Der Mieter kann statt dessen von der Vermieterin die Abtretung sämtlicher Gewährleistungs-, Nachbesserungs-, Garantie- und Schadensersatzansprüche gegen den Lieferanten verlangen; die Abtretung des Rechts auf Rückgängigmachung des Kaufvertrages (Wandelungs- oder Rücktrittsrecht) jedoch nur Zug um Zug gegen Zahlung sämtlicher noch ausstehender Mietzinsraten, des Restwertes (des Leasingobjekts) sowie sonstiger mit der Auslieferung des Mietgegenstandes zusammenhängender Kosten. Nach Eingang dieser Beträge wird die Vermieterin die Ausrüstung an den Mieter freigeben."

Diese Klausel stellt den Leasingnehmer rechtlos, weil sie ihm das gesamte Risiko, das mit dem Auftreten von Sachmängeln verbunden ist, auferlegt.

Aus der so gearteten Gewährleistungsverpflichtung des Leasinggebers gegenüber dem Leasingnehmer folgt zweierlei: Der Leasinggeber ist an das Ergebnis der gewährleistungsrechtlichen Auseinandersetzung zwischen Leasingnehmer und Lieferanten gebunden, sei es, daß dieses Ergebnis im Prozeßwege erstritten werden muß, sei es, daß es das Ergebnis von Verhandlungen ist[19]). Hat der Leasingnehmer auf dem einen oder anderen Wege mit dem Wandelungsbegehren Erfolg, so bedeutet das, daß der Kaufvertrag rückabzuwickeln ist. Die Rückabwicklung des Kaufvertrages ist Sache der daran beteiligten Vertragsparteien[20]).

Was das Verhältnis von Leasinggeber und Leasingnehmer angeht, folgt aus dem Vollzug der Wandelung, daß dem Leasingvertrag von vornherein die Grundlage fehlt[21]). Das ergibt sich aus der spezifisch kaufrechtlichen Gewährleistungsregelung, die an einen bei Übergabe der Kaufsache bereits vorhandenen, die Gebrauchstauglichkeit aufhebenden oder erheblich beeinträchtigenden Sachmangel anknüpft. War aber die Kaufsache (= Leasingobjekt) von Anfang an mit einem derartigen Mangel behaftet, so schuldete der Leasingnehmer dem Leasinggeber von Anfang an keine Leasingraten. Den in der Literatur aufgezeigten Weg, dem Vollzug der Wandelung in bezug auf den Leasingvertrag dadurch Geltung zu verschaffen, daß der Leasingnehmer ihn gemäß § 542 BGB kündigt, hat der Bundesgerichtshof nicht beschritten. Das hat seine Ursache darin, daß im Bereich des Leasing die Sachmängelhaftung nicht dem Mietrecht, sondern dem Kaufrecht folgt.

Nach der inzwischen „geläuterten" Auffassung des Bundesgerichtshofs spielt es keine Rolle, ob der Leasingnehmer das Leasingobjekt nach der Auslieferung (= Gebrauchsüberlassung) bis zum Vollzug der Wandelung in Gebrauch genommen hat oder nicht[22]). War zunächst zweifelhaft, ob der Leasingnehmer – abgesehen von den Fällen der Verjährung von kaufrechtlichen Gewährleistungsansprüchen oder der Unzumutbarkeit ihrer Verfolgung gegenüber dem Lieferanten im Hinblick auf dessen Vermögenslosigkeit – generell den Anspruch des Leasinggebers auf Zahlung von Leasingraten mit dem Einwand der Wandelung erfolgreich bekämpfen kann, ist auch dies nunmehr in positivem Sinne entschieden worden[23]). Der Bundesgerichtshof hat seine am 19. 2. 1986 getroffene Entscheidung auf die besondere Gestaltung des Leasingverhältnisses gestützt, wobei berücksichtigt worden ist, daß die Abhängigkeit des Anspruchs des Leasinggebers von der Klärung des Rechtsverhältnisses zu einem Dritten (dem Lieferanten) erst durch die Haftungsregelung in den AGB des Leasinggebers entstanden ist. Die Wandelungseinrede im Prozeß zwischen Leasinggeber und Leasingnehmer um Zahlung der Leasingraten ist allerdings nur dann erheblich, wenn sie damit begründet werden kann, daß – nach verweigerter Zustimmung des Lieferanten zur Wandelung – Wandelungsklage erhoben worden ist. Andererseits hat der Leasinggeber kein Recht, in jedem Fall zu verlangen, daß die Wandelung im Prozeßwege vollzogen werde. Einigen sich Leasingnehmer und Lieferant vergleichsweise darüber, daß wegen Mangelhaftigkeit des Leasingobjekts das Erwerbsgeschäft rückgängig zu machen ist, so ist auch daran der Leasinggeber gebunden[24]). In dem zuletzt genannten Urteil hat der Bundesgerichtshof sich außerdem mit den Sorgfaltspflichten befaßt, die den Leasingnehmer im Zusammenhang mit der Durchsetzung des Wandelungsbegehrens treffen. Da es, wie gesagt, Sache der Kaufvertragsparteien ist, das Erwerbsgeschäft rückabzuwickeln, muß der Leasingnehmer alles seinerseits Erforderliche tun, daß die Position des Leasinggebers nicht geschwächt wird. Er muß insbesondere sicherstellen, daß die Rückgabe des Leasingobjekts nicht ohne gleichzeitige Rückzahlung des Kaufpreises erfolgt. Andererseits folgt aus der Tatsache, daß die Rückabwicklung des Kaufvertrages aufgrund begründeten Wandelungsbegehrens Sache von Leasinggeber und Lieferant ist, daß den Leasinggeber das Risiko dafür trifft, daß die Rückabwicklung des Kaufvertrages an der Vermögenslosigkeit des Lieferanten scheitert.

Eine weitere bisher in der höchstrichterlichen Rechtsprechung noch nicht erörterte – selbstverständliche – Konsequenz des Ersatzes der mietrechtlichen Gewährleistung beim Finanzierungsleasing durch kaufrechtliche Gewährleistung ist die Tatsache, daß der Leasingnehmer – anders als der Mieter – Gewährleistungsansprüche nur wegen solcher Sachmängel hat, die bei Übergabe des Leasingobjekts vorhanden sind.

II. Einzelne schuldrechtliche Besonderheiten des Leasing

1. Das Prinzip kongruenter Deckung von Erwerbsgeschäft und Leasingvertrag

Das Finanzierungsleasing wird allgemein als Dreiecksverhältnis zwischen Lieferanten, Leasinggeber und Leasingnehmer beschrieben. Für sein Zustandekommen ist typisch, daß der Leasingnehmer die Auswahl des Leasingobjekts vornimmt und deshalb die mit der Herstellung und Beschaffung des Leasingobjekts verbundenen Verhandlungen mit dem Lieferanten selbst bis zur Abschlußreife führt. Als charakteristisch für das Finanzierungsleasing kann ferner gelten, daß es regelmäßig Sache des Leasinggebers ist, den Kaufvertrag über das vom Leasingnehmer ausgesuchte Objekt abzuschließen, um es diesem alsdann im Wege des Leasing zu Gebrauch und Nutzung zu überlassen. Entsteht auf diese Weise das für das Finanzierungsleasing typische Dreiecksverhältnis zwischen Lieferant, Leasinggeber und Leasingnehmer, so liegt es in der Natur der Sache, daß der Leasinggeber auch im Rahmen des Leasingvertrages alle zwischen Leasingnehmer und Lieferanten im Zusammenhang mit dem Erwerb des Leasingobjekts ausgehandelten technischen und wirtschaftlichen Modalitäten für und gegen sich gelten lassen muß. Da der Erwerb der Leasingsache durch den Leasinggeber einerseits und die Gebrauchsüberlassung und Finanzierung im Leasingvertrag andererseits sich wirtschaftlich als Einheit darstellen, folgt aus diesem inneren Zusammenhang, daß die Beteiligten darauf vertrauen dürfen, das Verhandlungsergebnis werde sowohl dem Kaufvertrag als auch dem Leasingvertrag zugrunde gelegt. Wer das Prinzip der deckungsgleichen Verhandlungsergebnisse nicht gelten lassen will, muß das ausdrücklich erklären. Die Entscheidung des BGH vom 3. 7. 1985[25]) verdeutlicht diesen Gedanken. – Das Prinzip der Kongruenz zwischen Erwerbsgeschäft und Leasingvertrag läßt sich auf verschiedene Art rechtlich verwirklichen. Denkbar ist die Annahme eines konkludenten darauf gerichteten rechtsgeschäftlichen Willens der drei Beteiligten. In Betracht kommt die Zurechnung des Verhandlungsergebnisses für das Erwerbsgeschäft über § 278 BGB[26]), wobei Erfüllungsgehilfen des Leasinggebers sowohl der Leasingnehmer als auch der Lieferant sein können. Noch einfacher läßt sich das Ergebnis mit Hilfe des allgemeinen in § 116 Abs. 1 BGB enthaltenen Rechtsgedankens erreichen, daß derjenige, der einen anderen unabhängig von einem Vertretungsverhältnis mit der Erledigung bestimmter Angelegenheiten in eigener Verantwortung betraut, sich das in diesem Rahmen erlangte Wissen des anderen zurechnen lassen muß. Ist der Lieferant Verhandlungsgehilfe des Leasinggebers bei Abschluß des Leasingvertrages (wofür die Überlassung der Vertragsformulare und der Leasingratentabellen sowie die Einräumung der Befugnis zum Ausfüllen der Vertragsformulare ein wichtiges Indiz sind), so kommt es in entsprechender Anwendung des § 166 Abs. 1 BGB auf die Kenntnis des Lieferanten vom Inhalt der getroffenen Absprachen an. Die Kenntnis des Lieferanten steht der des Leasinggebers gleich. Weder bei entsprechender Anwendung des § 166 Abs. 1 BGB noch bei der Annahme kongruenten Vertragsinhalts kraft stillschweigender Vereinbarung greift schon vom Regelungsgehalt her eine AGB-Klausel Platz, durch die die Haftung des Leasinggebers für Dritte, insbesondere den Lieferanten, ausgeschlossen werden soll, so daß sich deren Inhaltskontrolle erübrigt.

Kongruente Deckung von Erwerbsgeschäft und Leasingvertrag wird – insbesondere auch was die Einbeziehung von AGB des Lieferanten angeht – regelmäßig problemlos erreicht, wenn der spätere Leasingnehmer den Kaufvertrag selbst abschließt und der Leasinggeber erst später in diesem Vertrag bei gleichzeitigem Ausscheiden des ursprünglichen Käufers eintritt.

Die Erfahrung lehrt, daß bei der Festlegung des Vertragsgegenstandes insbesondere beim EDV-Leasing besondere Sorgfalt geboten ist. Der Betrieb einer EDV-Anlage setzt das Vorhandensein von Hardware, Betriebssoftware und Anwendersoftware voraus, wobei bei der Anwendersoftware zwischen standardisierter und eigens auf die spezielle Aufgabenstellung des Kunden zugeschnittener Anwendersoftware zu unterscheiden ist. Daß Software Gegenstand eines Leasingvertrages sein kann, unterliegt keinem Zweifel. Daran ändert auch der Umstand nichts, daß in der Überlassung von Standardsoftware und erst recht in der Überlassung von Anwendersoftware, die auf die speziellen Bedürfnisse des Kunden zugeschnitten ist, ein Nutzungsvertrag im wesentlichen über ein geistiges Werk gesehen wird, der häufig als Lizenz- oder Know-how-Vertrag bezeichnet wird[27]). Entscheidend ist, ob er mit dem Kaufvertrag über die Hardware und daher auch mit dem Hardwareleasing eine Einheit bildet oder nicht, denn je nach dem ob Einheitlichkeit zu bejahen ist oder nicht, sind die Rechtsfolgen bei Leistungsstörung (Nichtlieferung, Verzug, Gewährleistung) unterschiedlich. Fehlt eine ausdrückliche Festlegung des Vertragsgegenstandes in Finanzierungsleasingverträgen, die EDV-Anlagen betreffen, bedarf es der Auslegung, ob außer der Hardware auch die Software Vertragsgegenstand ist. Da der Finanzierungsleasingvertrag stets auf ein vom Leasingnehmer ausgesuchtes Objekt Bezug nimmt, stellt sich bei der Vertragsauslegung zunächst die Frage, **was** der Leasingnehmer ausgesucht hat. Da die EDV-Anlage nur nützlich ist, wenn der Leasingnehmer über Hardware, Betriebssoftware und Anwendersoftware verfügt, muß er alle drei Bestandteile aussuchen, sofern es um die Erstausstattung geht. Ein rechtliches Hindernis, alle drei Bestandteile der EDV-Anlage zum Gegenstand eines Kaufvertrages zu machen, den entweder der Leasinggeber abschließt oder zunächst der Leasingnehmer mit nachfolgendem Eintritt des Leasinggebers, besteht nicht. Bei derartiger Fallgestaltung wird regelmäßig von einem Sachkauf auszugehen sein. Denkbar sind ein einheitlicher Vertrag über eine einzige Sache, ein einheitlicher Vertrag über mehrere Sachen und mehrere selbständige Verträge. Für die Annahme eines einheitlichen Vertrages spricht es, wenn das System als Gesamtheit (Praxisdatenverarbeitungssystem; Architekturprogramm) zu betrachten ist, insbesondere wenn es – aus einer Hand – zur Bewältigung bestimmter Aufgaben ausgesucht worden ist. Ob Hardware und Software als einheitliche Sache angesehen werden können, erscheint fraglich. Bei natürlicher Betrachtung erfüllt das Erwerbsgeschäft über Hardware und Software vielmehr das Merkmal des zusammengehörenden Verkaufs im Sinne von § 469 Satz 2 BGB, wobei die Software indessen unter keinen Umständen als Nebensache im Sinne des § 470 Satz 2 BGB angesehen werden kann.

Ist der Vertragsgegenstand des Erwerbsgeschäfts im Wege der Auslegung ermittelt, so steht damit nach dem eingangs Gesagten auch der Gegenstand des Leasingvertrages fest. Ist Hard- und Software Gegenstand des Erwerbsgeschäfts, so erstreckt sich auch der Leasingvertrag auf beides. Möchte der Leasinggeber in dieser Hinsicht das Prinzip der Deckungsgleichheit von Erwerbsgeschäft und Leasingvertrag nicht gelten lassen, sondern ihn auf die Hardware beschränken, so kann ihm das nicht grundsätzlich verwehrt werden. Es bedarf dazu indessen eines ausdrücklichen und individuellen Vorbehalts. In AGB untergebracht, dürfte er als überraschende Klausel keine Wirksamkeit entfalten.

2. Verschulden bei Vertragsschluß

a) Pflichtwidriges Verhalten bei den Vertragsverhandlungen, die auf das Zustandekommen des Erwerbsgeschäfts und des Leasingvertrages abzielen, führt zu Ersatzansprüchen aus culpa in contrahendo. Es besteht regelmäßig in der Verletzung von Aufklärungs-, Hinweis- und Beratungspflichten. Soweit diese Pflichten im Vorfeld des Erwerbsgeschäfts bestehen, treffen sie den Lieferanten. Für Art und Umfang der Pflichten gelten die in der höchstrichterlichen Rechtsprechung zum Kaufrecht entwickelten Maßstäbe[28]). Den Versuchen von Leasingnehmern, im Hinblick auf das Aussuchen des Leasingobjekts zur Annahme selbständiger Beratungs- und Garantieverträge mit dem Lieferanten zu gelangen, hat der Bundesgerichtshof nicht nachgegeben. Zwar hat der Leasingnehmer ein besonderes Interesse daran, durch vollständige und richtige Beratung seitens des Lieferanten sicherzustellen, daß er sich ein für seine Zwecke geeignetes Leasingobjekt aussucht. Das rechtfertigt es indessen nicht, einen selbständigen Beratungsvertrag oder gar eine Garantievereinbarung anzunehmen, wenn nicht besondere Umstände darauf hindeuten. Als Normalfall ist mithin davon auszugehen, daß es sich bei den Aufklärungs-, Hinweis- und Beratungspflichten um Nebenpflichten im Vorfeld des Erwerbsgeschäfts handelt. Zu beachten ist, daß die Sondervorschriften über die Gewährleistung eine Haftung aus dem Gesichtspunkt des Verschuldens bei Vertragsschluß für fahrlässig unzutreffende Erklärungen des Verkäufers ausschließen, die sich auf Eigenschaften des Liefergegenstandes beziehen[29]). Andererseits können in Fällen, in denen der Verkäufer im Rahmen eingehender Vertragsverhandlungen und auf Befragen des Käufers jeweils einen **ausdrücklichen** Rat erteilt, bei fahrlässig falscher Auskunfts- und Ratserteilung Schadensersatzpflichten wegen Verletzung einer im Rahmen des Kaufvertrages übernommenen Nebenpflicht neben Gewährleistungsansprüchen bestehen, und zwar auch dann, wenn sich das Verschulden des Verkäufers auf Angaben über Eigenschaften der Kaufsache bezieht[30]).

b) Eine Pflicht des Leasinggebers, seinen Vertragspartner ungefragt über den Inhalt und die wirtschaftlichen Folgen des Leasingvertrages aufzuklären, besteht unter dem Gesichtspunkt des Vertrauensschutzes im allgemeinen nicht. Eine Aufklärungspflicht läßt sich nur aus besonderen Gründen anhand der Umstände des Einzelfalles feststellen, so z. B. wenn der Leasinggeber irrtümliche Vorstellungen des Leasingnehmers erkennt[31]). Betraut der Leasinggeber den Lieferanten mit Verhandlungen, die auf den Abschluß des Leasingvertrages gerichtet sind, so erweitern sich dessen Aufklärungs-, Hinweis- und Beratungspflichten. Ihn trifft die Verantwortung dafür, daß das Verhandlungserhebnis gleichermaßen im Erwerbsgeschäft und im Leasingvertrag aufgeht. Verletzt er diese Pflichten schuldhaft, so haftet der Leasinggeber gemäß § 278 BGB[32]). „Verbindlichkeiten", deren Nicht- oder Schlechterfüllung nach dieser Bestimmung die Haftung begründet, sind gerade auch Sorgfaltspflichten vor Abschluß eines Vertrages bei dessen Vorbereitung, sofern sie bei eigenem Handeln der Vertragspartei von dieser selbst zu erfüllen gewesen wären. Dementsprechend sind schon früher im Bereich des finanzierten Abzahlungskaufs die Finanzierungsbanken für haftbar erklärt worden, wenn der mit ihrem Willen auch den Darlehensvertrag vorbereitende Verkäufer schuldhaft vorvertragliche Pflichten gegenüber dem Darlehensnehmer (Käufer) verletzt hat[33]). Auch beim Finanzierungsleasing ist § 278 BGB auf schuldhafte Handlungen einer Hilfsperson im Zusammenhang mit Vertragsverhandlungen anzuwenden, wenn im konkreten Fall Pflichten gerade aus der übertragenen Aufgabe der Vertragsvorbereitung verletzt werden.

Ob und in welchem Maße sich der Verwender von AGB im kaufmännischen Verkehr von der Haftung für Dritte freizeichnen kann, ist umstritten. Der Bundesgerichtshof hat die Frage bisher nicht abschließend beantwortet. Auch in dem schon mehrfach erwähnten Urteil vom 3. 7.

1985 ist das nicht geschehen. Fest steht indessen, daß ein Ausschluß jeder Haftung für Dritte in AGB nach § 9 AGBG unwirksam ist. Unwirksam ist danach eine Klausel, die die Haftung sowohl für Pflichtverletzungen gesetzlicher Vertreter und leitender Angestellter als auch für die Verletzung von Kardinalpflichten durch Erfüllungsgehilfen selbst dann ausschließt, wenn der Verstoß auf grober Fahrlässigkeit oder Vorsatz beruht[34]).

3. Nichtigkeit gemäß § 138 BGB

Parallele Entwicklungen zwischen fremdfinanziertem Abzahlungskauf und Finanzierungsleasing haben zu Versuchen in der Rechtsprechung der Oberlandesgerichte geführt, die vom Bundesgerichtshof entwickelten Grundsätze zur Sittenwidrigkeit von Ratenkreditverträgen[35]) auf Leasingverträge zu übertragen[36]). Die Revision gegen dieses Urteil ist nicht durchgeführt worden, weil die Parteien sich außergerichtlich verglichen haben. Das Oberlandesgericht Köln hat in einem von ihm entschiedenen Fall die erörterte Frage der Sittenwidrigkeit mangels hinreichenden Tatsachenvortrages verneint. Auch wenn die Revision gegen dieses Urteil insoweit nicht angenommen worden ist, bedeutet das nicht, daß das Problem vernachlässigt werden könnte. Das OLG Koblenz hat Sittenwidrigkeit des Leasinggeschäfts im Hinblick auf das Verhältnis von Marktpreis und Vertragspreis des Leasingobjekts geprüft und – im Ergebnis – verneint.

Die Sittenwidrigkeit von Ratenkreditverträgen gemäß § 138 BGB hat der Bundesgerichtshof stets bejaht, wenn ein auffälliges Mißverhältnis zwischen Leistung und Gegenleistung festzustellen ist, der Vertrag ein sittenwidriges Gepräge aufweist und die subjektiven Voraussetzungen sittenwidrigen Verhaltens gegeben sind. Auffälliges Mißverhältnis zwischen Leistung und Gegenleistung wird durch Vergleich des nach der sogenannten Uniformmethode ermittelten Vertragszinses mit dem jeweiligen Marktzins ermittelt. Liegt der Marktzins wie in dem am 30. 6. 1983 entschiedenen Fall[37]) um 97% unter dem Vertragszins, so muß ein auffälliges Mißverhältnis zwischen Leistung und Gegenleistung bejaht werden. Das sittenwidrige Gepräge des Vertrages hat der Bundesgerichtshof seinerzeit aus unklaren und den Käufer unbillig belastenden Kreditbedingungen hergeleitet. Die subjektiven Voraussetzungen sind bejaht worden, weil der Kreditgeber sich bei der Aufstellung der Vertragsbedingungen und seine Repräsentanten sich bei Vertragsschluß der Einsicht verschlossen hatten, daß nur rechtsunkundige, wirtschaftlich schwache Partner sich auf den insgesamt unbilligen Vertrag einlassen würden. Diese drei Merkmale sittenwidrigen Verhaltens hat das Oberlandesgericht Karlsruhe in dem seiner Entscheidung zugrunde liegenden Sachverhalt bejaht und gemeint, sie müßten bei einem absatzfördernden Finanzierungsleasingvertrag zu dessen Nichtigkeit führen. Bei einem solchen Geschäft habe der Leasinggeber – wie die Ratenkreditbank – kein Interesse am Leasinggegenstand selbst. Der Erwerb sei vielmehr allein davon bestimmt, daß der Leasingnehmer an diesem speziellen, zunächst von ihm selbst beim Händler ausgesuchten und dem Leasinggeber mitgeteilten Gegenstand ein Nutzungsinteresse habe. Diese Geschäftsausrichtung auf die einmalige Überlassung an den Leasingnehmer bewirke, daß der Leasinggegenstand nur von dem Leasinggeber gekauft werde, um für die vorgesehene Vertragsdauer an den Leasingnehmer vermietet und danach wieder an einen Dritten verkauft zu werden. Demgemäß sei das Entgelt so kalkuliert, daß es die Differenz zwischen dem Neupreis des Kraftfahrzeugs und dessen Wiederverkaufswert abdecke. Während der Leasinggeber diese Differenz als Kapitaleinsatz finanziere und kreditiere, finanziere und kreditiere die Ratenkreditbank den gesamten Kaufpreis. Wie beim Ratenkreditvertrag werde beim finanzierten Leasingvertrag der Sache nach nicht die Nutzung einer Sache zur Verfügung gestellt, sondern das Kapital für die Sache. Von der Interessenlage her bestünden daher vergleichbare Verhältnisse. Ein Kunde, der über die Leasinggesellschaft einer großen Automobilfirma ein Fahrzeug lease, erwarte daher zu Recht, daß ihm im schlechtesten Fall bankübliche Konditionen geboten würden. Dies rechtfertige es, bei der Frage der Sittenwidrigkeit der Höhe des Effektivzinses bei einem Leasingvertrag weniger großzügige Maßstäbe anzulegen als bei einem vergleichbaren Ratenkreditvertrag. Es sei nicht ersichtlich, daß sich für einen Leasinggeber ein höherer Effektivzins aus Risikogründen rechtfertigen ließe. (In dem von ihm entschiedenen Fall hat das Oberlandesgericht Karlsruhe für das bleibende Kapital = kalkulierter Restwert eine Zinsbelastung von 17 % p. a. und für das verlorene Kapital nach der Uniformmethode eine Zinsbelastung von 29,9 % als Vertragszins ermittelt; der marktübliche Zins lag damals bei 14,26 %)

Unabhängig von der Frage, ob die vom III. Zivilsenat für die Ermittlung der Sittenwidrigkeit von Ratenkreditverträgen ermittelten Grundsätze auf das Finanzierungsleasing entsprechend anzuwenden sind oder nicht, muß, falls vom Leasingnehmer Sittenwidrigkeit des Vertrages geltend gemacht wird, das Verhältnis von Leistung und Gegenleistung auf ein etwa bestehendes auffälliges Mißverhältnis hin geprüft werden. Dabei, jedenfalls aber bei der Frage, ob der Leasingvertrag insgesamt ein sittenwidriges Gepräge aufweist, wird nicht außer Betracht bleiben können, daß die besondere Vertragsgestaltung beim Finanzierungsleasing regelmäßig die Einschaltung auch einer Finanzierungsbank erfordert. Das führt zwangsläufig zu einer Verteuerung des mit dem Finanzierungsleasing erstrebten wirtschaftlichen Zwecks. Daß dieser Verteuerung des Investitionsvorhabens, die der Leasingnehmer in Kauf nimmt, andere Vorteile gegenüberstehen, die diese Verteuerung rechtfertigen, muß im einzelnen plausibel gemacht werden. Dabei können im gewerblichen Bereich die Steuerersparnis, aber auch technische und betriebswirtschaftliche Gründe ins Feld geführt werden, die es zweckmäßiger erscheinen lassen, das Investitionsgut zu leasen statt es im Wege klassischer Finanzierung zu erwerben. Beim Leasing im privaten Bereich fallen diese Gesichtspunkte naturgemäß weg, so daß zwangsläufig auf den Vergleich zwischen Vertragzins und Marktzins wird abgehoben werden müssen. Ob es geraten erscheint, im Einzelfall darauf zu vertrauen, daß dem Einwand der Sittenwidrigkeit des Finanzierungsleasingvertrages zumindest wegen Fehlens der subjektiven Voraussetzungen kein Erfolg beschieden sein dürfte, muß füglich bezweifelt werden. Denn das schon erwähnte Urteil des III. Zivilsenats des Bundesgerichtshofs vom 30. 6. 1983 macht deutlich, daß beim Zusammentreffen eines auffälligen Mißverhältnisses zwischen Leistung und Gegenleistung und einiger den Kreditnehmer unbillig belastender Bestimmungen in den AGB des Darlehensgebers auch die subjektiven Voraussetzungen sittenwidrigen Verhaltens ohne allzu viel Federlesens bejaht werden können.

4. Erfüllung

a) Die Realisierung von Erwerbsgeschäft und Finanzierungsleasingvertrag beginnt mit der Lieferung des Leasingobjekts und dessen Abnahme durch den Leasingnehmer. Mit der Lieferung erfüllt der Lieferant seine Verpflichtung aus dem Erwerbsgeschäft gegenüber dem Käufer und Leasinggeber und zugleich dessen Gebrauchsüberlassungspflicht aus dem Finanzierungsleasingvertrag gegenüber dem Leasingnehmer, denn regelmäßig gelangt das Leasingobjekt unmittelbar aus der Hand des Lieferanten in die des Leasingnehmers. Regelmäßig bestimmt der Leasinggeber, die Abnahme des Leasingobjekts erfolge durch den Leasingnehmer am Bestimmungsort. Gängiger Vertragspraxis entspricht es ferner, daß der Leasinggeber von der Abnahme und vom Eingang der Übernahmebestätigung jegliche Verpflichtung dem Lieferanten gegenüber abhängig macht. Unter diesen Umständen liegt es auf der Hand, daß der Leasingnehmer, obwohl er an den kaufrechtlichen Beziehungen unmittelbar nicht beteiligt ist, als derjenige, den der Kauf des Leasingobjekts angeht, dazu beitragen muß, daß das Vertragsverhältnis bis zur Abnahmebestätigung gedeiht. In bezug darauf ist der Leasingnehmer Erfüllungsgehilfe des Leasinggebers. Für ein etwaiges Verschulden des Leasingnehmers muß der Leasinggeber gemäß § 278 BGB einstehen[38]). Die erwähnte Klausel, „Der Eingang der Abnahmebestätigung bei uns ist Voraussetzung für jegliche Verpflichtung unsererseits gegenüber dem Lieferanten", in den AGB von Leasinggebern muß auch unter Berücksichtigung der Maßstäbe des § 9 AGBG als interessengerecht angesehen werden. Auf die vergleichbare Regelung in Art. 71 Satz 2 EKG sei in diesem Zusammenhang hingewiesen.

Nach den Erfahrungen in der Rechtsprechungspraxis ist die Übernahmebestätigung, die meist vom Lieferanten vorformuliert dem Leasingnehmer zur Unterschrift vorgelegt wird, in nicht wenigen Fällen unrichtig. Leasingnehmer bestätigen dem Lieferanten, das Leasingobjekt „in fabrikneuem, ordnungsgemäßem, funktionsfähigem und den Vereinbarungen entsprechenden Zustand" übernommen zu haben, obwohl tatsächlich die Lieferung überhaupt nicht stattgefunden hat oder unvollständig war. Welche Rechtsfolgen sich daraus ergeben, hängt von der Rechtsnatur der Übernahmebestätigung ab. Mit dem begreiflichen Bestreben, die Übernahmebestätigung als ein rechtlich bindendes Anerkenntnis ordnungsgemäßer Lieferung gewertet zu sehen, das alle Einwendungen ausschließt, haben sich die Leasinggeber nicht durchsetzen können. Die in Leasingverträgen üblicherweise vereinbarte Übernahmebestätigung stellt kein Schuldanerkenntnis im Sinne des § 781 BGB dar, sondern bürdet dem Leasingnehmer lediglich die Beweislast für die von ihm behauptete Unrichtigkeit der Erklärung auf. Die Übernahmebestätigung hat danach die Bedeutung einer Quittung (§§ 368, 363 BGB). Das hat der Bundesgerichtshof im Urteil vom 1. 7. 1987[39]) ausgesprochen. Die rechtliche Einordnung der Übernahmebestätigung als Quittung hat in der Auseinandersetzung zwischen Leasinggeber und Leasingnehmer über die Verpflichtung zur Zahlung von Leasingraten und im Konflikt zwischen Leasinggeber und Lieferant über das Bestehen der Kaufpreiszahlungspflicht – kurz skizziert – u. a. folgende Konsequenzen:

Den auf Zahlung von Leasingraten in Anspruch genommenen Leasingnehmer trifft die Beweislast dafür, daß nicht geliefert worden ist. Eine Bestimmung in AGB eines Leasinggebers, durch die bei Abgabe einer unrichtigen Übernahmebestätigung des Leasingnehmers dessen unbedingte, nur durch erfolgreiche Inanspruchnahme des Lieferanten abzuändernde Zahlungspflicht für die Leasingraten begründet werden soll, benachteiligt den Leasingnehmer unangemessen und ist demgemäß unwirksam. Mit einer derartigen Regelung bürdet der Leasinggeber dem Leasingnehmer das volle Vertragsrisiko auf, auch wenn die Leasingsache nicht übergeben worden ist, der Leasinggeber also seine Hauptleistung, die Gebrauchsüberlassung, nicht erfüllt hat und mangels Leistungsfähigkeit des Lieferanten möglicherweise auch nicht mehr erfüllen kann. Diese Risikozuweisung widerspricht dem Grundgedanken der vertraglichen Äquivalenz und kann schon aus diesem Grunde keinen Bestand haben[40]). Daß der Leasinggeber aufgrund der Übernahmebestätigung möglicherweise den Kaufpreis an den Lieferanten zahlt und dadurch einen Schaden erleidet, rechtfertigt gegebenenfalls einen Ersatzanspruch gegen den Leasingnehmer, nicht aber einen Anspruch auf die vollständige Erfüllungsleistung des Leasingnehmers. Unangemessen ist die genannte Regelung ferner deshalb, weil sie die nicht generell auszuschließende Mitverantwortlichkeit des Leasinggebers unberücksichtigt läßt. Soweit die Übernahmeerklärung nicht der tatsächlichen Auslieferung entspricht, ist dies in aller Regel nicht nur dem Leasingnehmer bekannt, sondern auch dem Lieferanten, dessen sich der Leasinggeber ähnlich wie bei der Vorbereitung des Vertrages auch bei der Gebrauchsüberlassung und der damit verbundenen Erstellung der Übernahmebestätigung als seines Erfüllungsgehilfen bedient. Ist die Lieferung unvollständig und damit nicht vertragsgemäß, müßte der Lieferant im Rahmen seiner Tätigkeit als Erfüllungsgehilfe den Leasingnehmer auf die Notwendigkeit einer deutlichen Einschränkung der Erklärung hinweisen. Versäumt er diesen Hinweis oder setzt er selbst einen unklaren Text auf, so muß sein Verhalten in der Regel dem Leasinggeber zugerechnet werden, weil er insoweit in Erfüllung der ihm übertragenen Aufgabe der Gebrauchsverschaffung handelt.

b) Ausbleiben der Lieferung – Teilleistung

Erst verhältnismäßig spät, und zwar beginnend mit dem Urteil vom 9. 10. 1985[41]) hatte der Bundesgerichtshof Gelegenheit, zu der Frage Stellung zu nehmen, wie sich Leistungsstörungen beim Erwerbsgeschäft auf den Leasingvertrag auswirken.

Ist der Lieferant außerstande, das Leasingobjekt zu liefern, etwa weil sich bei der Herstellung von Maschinen Konstruktionsfehler herausgestellt haben, und unterbleibt demgemäß die Lieferung aus einem Grunde, den der Leasingnehmer nicht zu vertreten hat, „so fehlt dem Leasingvertrag die Grundlage ebenso, wie nach erfolgreicher Wandelung des Kaufvertrages wegen Vorhandenseins von Mängeln". So steht es im Urteil vom 9. 10. 1985 als eine logische Folgerung aus der Tatsache, daß der Erwerb der Leasingsache einerseits und die Gebrauchsüberlassung und Finanzierung im Leasingvertrag andererseits sich wirtschaftlich als Einheit darstellen[42]). Nach dieser Entscheidung entsteht bei Ausbleiben der Lieferung des Leasingobjekts aus Gründen in der Lieferantensphäre, die der Leasingnehmer nicht zu vertreten hat, kein Anspruch auf Leasingraten. In dem der Entscheidung zugrunde liegenden Fall stand fest, daß nicht geliefert werden konnte. Die AGB des Leasinggebers besagten, daß bei Ausbleiben der Lieferung der Leasingvertrag gegenstandslos werde. Obwohl das im Urteil nicht ausdrücklich gesagt worden ist, trägt gerade diese Klausel die Entscheidung, denn trotz wirtschaftlicher Einheit von Erwerbsgeschäft und Finanzierungsleasingvertrag kann nicht generell gesagt werden, die Nichtlieferung des Leasingobjekts beraube – so wie es bei erfolgreicher Wandelung in der Tat der Fall ist – den Leasingvertrag von Anfang an seiner Grundlage. Das wäre nur dann richtig, wenn die Erfüllung der Gebrauchsüberlassung, einer Hauptpflicht des Leasinggebers, nach Abtretung des kaufrechtlichen Erfüllungsanspruchs von Lieferant und Leasingnehmer durchgeführt würde. Das ist indessen, soweit ersichtlich, nicht der Fall und sollte auch nicht geschehen. Die Erfüllung des Leasingvertrages durch Gebrauchsüberlassung wurzelt im Mietrecht. Würde sich der mietrechtliche Erfüllungsanspruch des Leasinggebers im Wege der Abtretung in einen kaufrechtlichen Anspruch auf Übergabe des Leasingobjekts verwandeln, so bliebe, nimmt man die anerkannte gewährleistungsrechtliche Ausgestaltung des Leasingvertrages hinzu, vom Finanzierungsleasingvertrag nichts übrig als ein fremdfinanzierter Kaufvertrag.

Abgesehen von dem eingangs erwähnten Sonderfall, in welchem vertraglich bestimmt war, im Falle des Ausbleibens der Leistung werde der Leasingvertrag gegenstandslos, muß der Leasingnehmer diese Leistungsstörung im Verhältnis zum Leasinggeber durch außerordentliche Kündigung gemäß § 542 BGB geltend machen. Abhilfeaufforderung und Fristsetzung müssen gegenüber dem Leasinggeber geltend gemacht werden[43]). Sache des Leasinggebers ist es, parallel hierzu gegenüber dem Lieferanten nach § 326 BGB zu verfahren, es sei denn, der Leasinggeber habe vertraglich den Leasingnehmer zur Ausübung dieser Rechte ermächtigt.

Während bei vollständigem Ausbleiben der Lieferung die Position der Beteiligten klar ist:

– der Leasinggeber ist im Verhältnis zum Lieferanten zur Leistungsverweigerung berechtigt, ihm stehen außerdem die Befugnisse gemäß §§ 325, 326 BGB zu Gebote;

der Leasingnehmer ist im Verhältnis zum Leasinggeber ebenfalls zur Leistungsverweigerung gemäß § 320 BGB und notfalls zur außerordentlichen Kündigung gemäß § 542 BGB berechtigt –

erfordert die unvollständige Lieferung eine Abgrenzung zur mangelhaften Lieferung. Wird dem Leasingnehmer bei einem Leasingvertrag über Computer-Hard- und Software nur die Hardware übergeben, so richten sich die Rechtsfolgen nicht nach Sachmängelgewährleistungsrecht, sondern nach den Bestimmungen über Teilleistungen einschließlich der Kündigung nach § 542 BGB. Besteht der für einen einheitlichen Verwendungszweck bestimmte Gegenstand eines Leasingvertrages aus mehreren selbständigen Teilen und wird nur einer der Teile dem Leasingnehmer übergeben, so liegt eine Teilleistung und nicht etwa ein Mangel der Gesamtanlage vor. Die Rechtsfolgen richten sich dementsprechend nicht nach dem Gewährleistungsrecht oder den im Leasingvertrag darüber getroffenen Vereinbarungen, sondern nach den allgemeinen mietrechtlichen Bestimmungen über die Nichterfüllung, mithin auch nach § 542 BGB, der zwar auch für Mängel, in erster Linie aber für Teil-Nichterfüllung gilt. Denn die vertragsmäßige Beschaffenheit des gelieferten Teils ist in einem solchen Fall nicht beeinträchtigt; auch besteht auf seiten des Leasinggebers nicht die Vorstellung, die ihm als Hauptpflicht obliegende Vertragsleistung der Gebrauchsüberlassung vollständig und vertragsgemäß erbracht zu haben. Der Leasingnehmer hat daher grundsätzlich das Recht, beim Ausbleiben des noch geschuldeten Teils gemäß § 542 BGB zu kündigen, ohne sich auf die Sachmängelgewährleistung verweisen lassen zu müssen. Dasselbe würde gelten, wenn bei einem Kaufvertrag und parallel hierzu bei dem Leasingvertrag über einen Lkw mit Hebewerkzeugen nur das Fahrzeug ohne diese zum Beladen bestimmte Einrichtung geliefert wird. Die klare Trennung zwischen unvollständiger und mangelhafter Lieferung ist u. a. im Hinblick auf die Vorschriften der §§ 539, 543 BGB von praktischer Bedeutung. Die Kenntnis von der Mangelhaftigkeit des Leasingobjekts schadet dem Leasingnehmer, die Kenntnis von der Unvollständigkeit der Lieferung dagegen nicht.

Führt das Ausbleiben der Lieferung über § 542 BGB zur Beendigung des Leasingvertrages, so kann der Leasinggeber vom Leasingnehmer keinen Aufwendungsersatz verlangen, muß also beispielsweise Bereitstellungsprovision und Nichtabnahmeentschädigung, die seine Refinanzierungsbank verlangt, selbst tragen[44]. Auch in dieser Hinsicht beruht dies auf der Zuordnung des Finanzierungsleasing zum Mietrecht und nicht zum Auftragsrecht oder zum Recht der Geschäftsbesorgung.

In allgemeinen Geschäftsbedingungen darf die Klausel „unterbleibt die Lieferung des Mietgegenstandes . . . wird dieser Vertrag gegenstandslos", nicht mit der Verpflichtung des Mieters verknüpft werden, dem Vermieter die entstandenen Kosten zu erstatten. Durch eine derartige Regelung wäre die Äquivalenz im Leasingvertrag aufs schwerste gestört, denn sie läuft darauf hinaus, daß infolge Nichtbeschaffung der

Leasingsache und damit zugleich infolge Nichterfüllung der dem Leasinggeber obliegenden Hauptpflicht der Gebrauchsüberlassung zwar der Leasinggeber von allen Verpflichtungen befreit wäre, der Leasingnehmer aber im praktischen Ergebnis einen Teil seiner Gegenleistung erbringen müßte.

Führt das Ausbleiben der Lieferung des Leasingobjekts aus Gründen, die in der Lieferantensphäre liegen, dazu, daß der Leasinggeber im Verhältnis zum Lieferanten und der Leasingnehmer im Verhältnis zum Leasinggeber zur Leistungsverweigerung bzw. zur Geltendmachung der Rechte aus §§ 323 ff BGB, § 542 BGB befugt sind, so hat die Verzögerung der Lieferung nach Fälligkeit die Folge, daß der Leasingnehmer dem Zahlungsbegehren des Leasinggebers gleichfalls die Einrede des nichterfüllten Vertrages entgegenhalten kann. Eine Vorleistungspflicht des Leasingnehmers besteht nicht. Dasselbe gilt im Verhältnis zwischen Leasinggeber und Lieferanten. Wird – wenn auch verspätet – geliefert, so hat der Lieferant den Verspätungsschaden gemäß § 286 Abs. 1 BGB zu ersetzen.

5. Der Ersatzanspruch des Leasinggebers aufgrund fristloser vom Leasingnehmer veranlaßter Kündigung

Gibt der Leasingnehmer dem Leasinggeber – etwa durch Zahlungsverzug mit den Leasingraten – Anlaß zur fristlosen Kündigung des Leasingvertrages, so steht dem Leasinggeber ebenso wie dem Vermieter ein Schadensersatzanspruch eigener Art zu, dessen Geltendmachung an eine vorherige Nachfristsetzung nicht gebunden ist[45]. Der Schaden des gemäß § 554 Abs. 1 Nr. 1 BGB kündigenden Vermieters besteht im wesentlichen in entgangenem Mietzins. Soweit der Mietvertrag auf bestimmte Zeit abgeschlossen oder bis zu einem vereinbarten Zeitpunkt unkündbar ist, ist die Schadenshöhe in aller Regel auf den Betrag des für den unkündbaren Zeitraum vertraglich vereinbarten Mietzinses begrenzt. Für den Leasingvertrag gilt im Prinzip nichts anderes. Klar war jedoch von Anfang an, daß sich die Kündigungsfolgenregelung beim Leasingvertrag von derjenigen beim reinen Mietvertrag unterscheiden müsse. Aus den Gründen, die im Zusammenhang mit dem Anspruch auf volle Amortisation des Leasinggebers bei vorzeitiger vertragsgemäßer Beendigung des Leasingvertrages dargelegt worden sind und die zur Bejahung eines Anspruchs auf eine – notfalls konkret zu berechnende – Ausgleichszahlung geführt haben, muß auch bei der Berechnung des Schadensersatzspruches dem Amortisationsgedanken Rechnung getragen werden. Die Leasinggeber haben erfolglos versucht, diesen Ersatzanspruch durch Verfallklauseln einzufangen. Diese Praxis ist an der Inhaltskontrolle der entsprechenden

Klauseln gemäß § 9 AGBG gescheitert. Hinweise, wie der Schadensausgleich vertraglich auch in AGB geregelt werden könnte, sind bisher, soweit ersichtlich, von den beteiligten Kreisen nicht aufgegriffen worden. Deshalb läuft die Ermittlung der Höhe des Ersatzanspruchs regelmäßig auf eine konkrete Schadensberechnung hinaus. Grundlage der konkreten Schadensberechnung ist dabei die Amortisationskalkulation, die dem notleidenden Vertrag zugrunde gelegt worden ist. Der Sachverhalt, der dem Urteil des Bundesgerichtshofs vom 29. 6. 1983[46]) zugrunde liegt, bietet dafür ein anschauliches Beispiel. Werden restliche Leasingraten verlangt, so müssen sie abgezinst werden. Zur schlüssigen Darlegung ordnungsgemäßer Abzinsung gehört die Angabe der gewählten Abzinsungsformel oder Abzinsungsmethode. Vorfälligkeitszins darf in die Schadensberechnung nur insoweit eingestellt werden, als die Leasinggeberin infolge des Scheiterns des Leasingvertrages zur vorzeitigen Rückzahlung des Refinanzierungskredits ihrerseits verpflichtet gewesen wäre[47]). Der Leasinggeber muß sich den Restwert des zurückgenommenen Leasingobjekts zu 90 % anrechnen lassen. Mit dem Problem der Anrechnung ersparter Aufwendungen des Leasinggebers bei der Rückabwicklung eines notleidend gewordenen Vertrages befaßt sich das Urteil des Bundesgerichtshofs vom 6. 6. 1984[48]) ebenso wie mit der Berücksichtigung zusätzlicher Aufwendungen aufgrund vorzeitiger Vertragsbeendigung. Diese regelmäßig nicht genau erfaßbaren Faktoren müssen im Streitfalle vom Tatrichter geschätzt werden. Das gilt auch für ersparten Refinanzierungsaufwand.

Schadensersatzleistungen, die der Leasingnehmer nach außerordentlicher Kündigung des Finanzierungsleasingvertrages zu erbringen hat, sind ohne Umsatzsteuer zu berechnen, weil ihnen eine steuerbare Leistung nicht gegenübersteht und der Leasinggeber deshalb Umsatzsteuer auf sie nicht zu entrichten hat[49]).

Fußnoten:

1) Wolf/Eckert, Handbuch des gewerblichen Miet-, Pacht- und Leasingrechts, 5. Aufl., Rdnr. 456
2) BGHZ 1985, 39
3) Erlaß des Bundesministers der Finanzen vom 19. 4. 1971
4) Erlaß des Bundesministers der Finanzen vom 22. 12. 1975
5) vgl. auch BGH Urteil vom 22. 1. 1986 = ZIP 1986, 439
6) WM 1975, 1203
7) WM 1977, 1133
8) VersR 1977, 227
9) WM 1977, 473
10) BGHZ 97, 65
11) ZIP 1986, 1566
12) WM 1987, 1338
12a) BGHZ 93, 391
13) ZIP 1986, 1566

14) BGH Urteil vom 30. 9. 1987
15) BGH Urteil vom 15. 10. 1986 = ZIP 1986, 1566
16) BGH Urteil vom 27. 2. 1985 = BGHZ 94, 44
17) BGH Urteil vom 30. 9. 1987
18) BGH Urteil vom 24. 4. 1985 = BGHZ 94, 180
19) BGH Urteil vom 16. 9. 1981 = BGHZ 81, 298
20) BGH Urteil vom 20. 6. 1984 = ZIP 1984, 1101
21) BGH Urteil vom 16. 9. 1981 = BGHZ 81, 298 und schon früher BGHZ 68, 118
22) BGH Urteil vom 5. 12. 1984 = ZIP 1985, 226
23) BGH Urteil vom 19. 2. 1986 = BGHZ 97, 135
24) BGH Urteil vom 27. 2. 1985 = BGHZ 94, 44
25) BGHZ 95, 170
26) so BGHZ 95, 170
27) BGH Urteil vom 25. 3. 1987 = WM 1987, 818
28) vgl. dazu Paulusch, Die Rechtsprechung des Bundesgerichtshofs zum Kaufrecht in WM Sonderbeilage 10/86, S. 28, 29
29) BGH Urteil vom 16. 3. 1973 = BGHZ 60, 319
30) BGH Urteil vom 13. 7. 1983 = BGHZ 88, 130
31) BGH Urteil vom 11. 3. 1987 = WM 1987 , 627
32) BGH Urteil vom 3. 7. 1985 = BGHZ 95, 170
33) BGHZ 33, 293, 299; 40, 65, 69
34) BGH Urteil vom 3. 7. 1985
35) BGHZ 80, 153
36) OLG Karlsruhe, Urteil vom 24. 10. 1985 = DB 1986, 107
37) ZIP 1983, 1047
38) BGH Urteil vom 14. 3. 1984 = BGHZ 90, 302
39) ZIP 1987, A 113 Nr. 380
40) BGHZ 96, 103, 109
41) BGHZ 96, 103
42) BGHZ 96, 103
43) BGH Urteil vom 1. 7. 1987 aaO
44) BGH Urteil vom 9. 10. 1985 = BGHZ 96, 103
45) BGH Urteil vom 4. April 1984 = ZIP 1984, 1107
46) ZIP 1983, 1084
47) BGH Urteil vom 24. 4. 1985 = BGHZ 94, 195
48) ZIP 1984, 1114
49) BGH Urteil vom 11. 2. 1987 = ZIP 1987, S. 517

Übersicht aller lieferbaren Bände der Schriftenreihe der Arbeitsgemeinschaften des Deutschen Anwaltvereins

Arbeitsgemeinschaft der Verkehrsrechtsanwälte

Band 1
Verkehrs- und Arbeitsrecht
Homburger Tagung 1984, 103 Seiten, broschiert, 19,80 DM

Band 2
Das kranke Versicherungsverhältnis
Homburger Tagung 1986, 147 Seiten, broschiert, 24,50 DM

Band 3
Schadensersatz bei Beteiligung von Kindern und Jugendlichen an Verkehrsunfällen
Homburger Tagung 1986, 104 Seiten, broschiert, 27,– DM

Band 4
Kfz-Leasing
Homburger Tagung 1987, 99 Seiten, broschiert, 29,– DM

Arbeitsgemeinschaft Strafrecht

Band 1
Effiziente Strafverteidigung
Mainzer Tagung 1984, 81 Seiten, broschiert, 19,20 DM

Band 2
Pflichtverteidigung und Rechtsstaat
Strafverteidiger Kolloquium 1985, 102 Seiten, broschiert, 21,80 DM

Band 3
Die revisionsgerichtliche Rechtsprechung der Strafsenate des Bundesgerichtshofes
Strafverteidiger-Frühjahrssymposium, Karlsruhe 1986, 192 Seiten, broschiert, 27,50 DM

Der Ehescheidungsprozess und die anderen Eheverfahren

Der zuverlässige Praktiker-Kommentar

Neuauflage 1986 mit den Änderungen des UÄndG

Von Dr. Bruno Bergerfurth, Vorsitzender Richter am OLG Hamm

6. Auflage 1986, 640 Seiten, A5 Ganzleinen, DM 128,-,

Seit dem 1. 4. 1986 ist das Gesetz zur Änderung unterhaltsrechtlicher, verfahrensrechtlicher und anderer Vorschriften (UÄndG) in Kraft. Es hat das materielle Scheidungs- und Scheidungsfolgenrecht sowie das familiengerichtliche Verfahren in wesentlichen Teilbereichen geändert. Neben den durch die Entscheidungen des BVerfG veranlaßten Änderungen der scheidungsrechtlichen und unterhaltsrechtlichen **Härteklausel** handelt es sich insbesondere um folgende Neuerungen: Möglichkeit der **zeitlichen Begrenzung bei der Bemessung des Unterhalts** nach den ehelichen Lebensverhältnissen (§ 1578 I 1 BGB) und beim Aufstockungsunterhalt (§ 1573 BGB); Ablösung der materiellen Anknüpfung durch die **formelle Anknüpfung im Rechtsmittelrecht** (§ 119 GVG); vorzeitige Teilrechtskraft des Scheidungsspruchs nach Ausschöpfung der – neu eingeführten – **befristeten Rechtsmittelanschließung** (§ 629a III ZPO). Weitere Änderungen betreffen die Wohnungsregelung, die Prozeßkostenhilfe, die Prozeßstandschaft und die Zuständigkeit im einstweiligen Anordnungsverfahren. Diese und weitere gesetzliche Änderungen waren Veranlassung für eine völlige Neubearbeitung.

Rechtsprechung und Schrifttum sind nunmehr bis April 1986 berücksichtigt. Der größere Druck, insbesondere auch bei den Fußnoten, soll helfen, die Lektüre zu erleichtern.

4300 Essen 11
Bocholder Straße 259
Tel. 0201/6340359
Telex 8571306

Deutscher Anwaltverlag GmbH
Vormals: Juristischer Fachbuchverlag GmbH

Aus unserem Verlagsprogramm

Aktuelle Neuauflagen

**Bergerfurth,
Der Ehescheidungsprozeß
und die anderen Eheverfahren**

Der zuverlässige Kommentar für den Praktiker mit den Änderungen des UÄndG.
6. Auflage 1986, 640 Seiten, Ganzleinen 128,– DM
ISBN 3-87389-012-7

**Schadensersatz bei Beteiligung von
Kindern und Jugendlichen
an Verkehrsunfällen;**

Prämienverzug, Voraussetzungen und Rechtsfolgen.
Band 3 der Schriftenreihe der Verkehrsrechtsanwälte im Deutschen Anwaltverein.
Homburger Tagung 1986, 104 Seiten,
broschiert 27,– DM
ISBN 3-87389-015-X

**Lieb/Eckardt,
Der GmbH-Geschäftsführer in der
Grauzone zwischen Arbeits- und
Gesellschaftsrecht**

Ausgewählte Fragen zu Widerruf, Kündigung, Schutzbedürftigkeit und Haftung.
Band 1 der Schriftenreihe des Kölner Anwaltvereins.
Auflage 1987, 140 Seiten, broschiert 38,– DM
ISBN 3-87389-114-X

**Lückerath-Krumbiegel,
Ehe- und Familiensachen im IPR
– IPR-Neuregelungsgesetz
per 1. 9. 1986 –**

Das Buch gibt einen praxisbezogenen Überblick über das internationale Ehe- und Familienrecht.
Band 2 der Schriftenreihe des Kölner Anwaltvereins.
Auflage 1987, 110 Seiten, broschiert 33,– DM
ISBN 3-87389-115-8

Geschenkbücher – Nicht nur für Juristen

**Horst Berkowitz,
Versehrt, verfolgt, versöhnt**

Ein jüdisches Anwaltsleben. Die große Biographie über Dr. Berkowitz (Ehrenmitglied des DAV).
Auflage 1979, 168 Seiten, Leinen 24,– DM

**Max Friedlaender,
Rechtsanwälte und Anwaltsprobleme in der schönen Literatur**

Eine Darstellung des Anwaltsberufes in der Weltliteratur.
Auflage 1979, 194 Seiten, Leinen 29,50 DM
ISBN 3-87389-000-3

**Ostler,
Die Deutschen Rechtsanwälte
1871 bis 1971**

Das Buch beinhaltet die Anwaltsgeschichte sowie Justiz- und Rechtsgeschichte von 1871 bis 1971 in 5 Teilen.
2. Auflage 1982, 596 Seiten, Ganzleinen 96,– DM
ISBN 3-87389-006-9

In einer Neuauflage erscheint im Frühjahr 1988

**Ortsverzeichnis für die
Bundesrepublik Deutschland
einschl. West-Berlin**

Das aktuelle Nachschlagewerk für die Zuständigkeit der Amts-, Land-, Oberlandes-, Arbeits-, Verwaltungs- und Sozialgerichte.
Neu sind die Finanzämter mit den zuständigen Oberfinanzdirektionen und Finanzgerichten aufgenommen.
8. Auflage 1988, rd. 400 Seiten, broschiert ca. 75,– DM
ISBN 3-8240-0000-8

4300 Essen 11
Bocholder Straße 259
Tel. 0201/63403-0
Telex 8571306

Deutscher Anwaltverlag GmbH
Vormals Juristischer Fachbuchverlag GmbH